Sommaire

Préface

29 avril 1903, les moines de la Grande-Chartreuse, sous escorte de l'armée mais applaudis par une foule déjà aux aguets depuis plusieurs jours, sont contraints de quitter leur monastère pour s'exiler à l'étranger.

21 juin 1940, trois Chartreux reviennent sur les lieux, presque en cachette, pour reprendre leur place dans le monastère et continuer leur présence silencieuse, inaugurée dans le massif en 1084.

C'est l'entre-deux de ces deux dates mémorables, qu'il a plu à Martine Galiano, très au fait de l'histoire locale, d'évoquer dans le présent ouvrage qui voit le jour précisément à l'occasion du centenaire de l'expulsion des Chartreux.

L'auteur qui, depuis des années, ne cesse d'écouter les anciens du pays, d'ouvrir des portes et de retourner des pierres pour mieux saisir les vestiges du passé, a rassemblé ici tout ce qu'elle a pu trouver de réactions et de témoignages de la part d'une population médusée par cet événement déconcertant.

Cent ans après, les passions se sont apaisées et les mentalités ont changé. Sont restés cependant présents cet attachement des moines à leur désert montagneux qui les a vus naître et celui de la population environnant le monastère qui occupe à ses yeux une place centrale au milieu du massif. Comment expliquer l'impact de la présence des moines sur les habitants du massif de Chartreuse avec ses contreforts de la plaine laurentinoise ?

Pour répondre à cette question on peut apporter des arguments d'ordre économique et social qui sont loin d'être négligeables, si on considère les neuf siècles vécus ensemble, dans la joie comme dans la douleur. Mais ils ne suffisent pas. Car cet impact n'est-il pas plutôt d'ordre symbolique ? La présence presque muette des moines ne renvoie-t-elle pas à autre chose, à une valeur universelle que chacun porte en soi et exprime à sa manière mais que tous comprennent, même ceux qui s'en défendent et la rejettent, simplement parce qu'il s'agit d'un trait fondamental et d'une qualité essentielle de l'âme humaine ?

Oui, c'est grâce à leur silence que Bruno et ses moines ont pu être et rester une présence si forte dans le pays de Chartreuse. Ce silence, instauré comme fondement de leur vie et toujours remis en honneur, a permis de créer un espace dans lequel la parole éclot en vérité et en vie. Tous, nous le savons intuitivement, et nous sentons régulièrement monter au niveau de notre conscience l'aspiration à ce silence que, cependant, l'agitation et le bruit de notre société couvrent vite. Les moines eux-mêmes le ressentent comme tout un chacun.

Et, cependant, leur organisation et leur mode de vie, leur clôture et leur observance continuent à la fois de protéger et de manifester ce silence déposé dans le cœur de tous les humains, comme un terreau d'extrême fertilité. C'est grâce au silence des Chartreux que leur monastère a pu garder, à travers les âges et les soubresauts de l'histoire, cette aura symbolique qui les dépasse eux-mêmes de loin et qui parle le langage universel de la destinée humaine.

Puissent donc les évocations du présent ouvrage, si soigneusement rassemblées par Martine Galiano, conduire le lecteur à son propre besoin de silence.

Dom Marcellin
Prieur de la Grande-Chartreuse

Au-dessus du monastère de la Grande-Chartreuse.

Le mot du député cent ans plus tard

Martine Galiano m'a fait l'honneur, redoutable pour un élu profondément laïque, de me demander de m'exprimer sur l'action de mon prédécesseur, Jean-François Pichat qui, en 1903, plaida à la tribune de l'Assemblée nationale contre le départ des Chartreux. Qu'elle en soit remerciée, car en répondant à son souhait, j'ai pu, au travers de son ouvrage si riche et vivant et des débats de l'époque, pénétrer plus profondément l'histoire de ce pays de Chartreuse.

C'est peu dire qu'il faut prendre de la hauteur pour repenser aujourd'hui cette « grande affaire ». C'est normal, s'agissant du désert de Chartreuse et de ses ermites. C'est aussi plus facile, cent ans après les événements, de dire que, cernés par l'histoire immédiate, les parlementaires d'alors ont pu se tromper de cible. Mais gardons-nous pour autant d'oublier les apports de cette même histoire. La loi du 1er juillet 1901 sur le contrat d'association ne saurait se résumer à son article 13, qui encadre strictement le statut des congrégations religieuses, et encore moins à son application aux Chartreux. Cette loi instaure en effet ce que tout parlementaire a rêvé un jour de voter : la totale liberté de s'associer et un statut pour les associations, qui a permis leur floraison et une formidable créativité sur les plans social, culturel, sportif, syndical... Cet article 13, quant à lui, annonce la loi de décembre 1905 sur la séparation des Eglises et de l'Etat qui, plaçant les religions dans la sphère privée, instaure du même coup la laïcité de l'Etat et la liberté pour chacun de pratiquer la religion de son choix.

Cela étant, je suis saisi par la force du cliché choisi par Martine Galiano comme première de couverture de son ouvrage, Dom Michel Baglin, cet homme du silence, sortant du monastère encadré par la troupe, comme un criminel. A ses côtés, je suis satisfait de voir le député Jean-François Pichat. De la même façon, les valeurs que je défends aujourd'hui m'auraient sans doute fait comme lui réagir avec véhémence à certaines accusations portées contre les Chartreux, par exemple le caractère « cosmopolite » de l'ordre.

Le plaidoyer de Pichat à la tribune de l'Assemblée nationale est impressionnant. Un peu lyrique, mais tellement sincère, passionné, quand il évoque l'intérêt de la population, de ces Chartrousins fiers, droits, honnêtes, qui ne vous dévoilent, je le sais, leur vraie richesse, qu'après vous avoir jaugés. C'est toujours le même territoire, ce sont toujours les mêmes tempéraments. Ce discours met résolument de côté tout esprit polémique et j'en suis sincèrement admiratif, connaissant l'atmosphère tumultueuse des grands jours de l'Assemblée nationale. C'est un discours étonnamment moderne et Jean-François Pichat, en bon stratège et en homme intelligent, se place à dessein sur le terrain où on l'attend le moins. Certes, les bienfaits des pères sont évoqués, mais s'agit-il d'aumône ? Vous n'y êtes pas du tout. Il s'agit d'économie, de la dynamique « entrepreneuriale » créée par le monastère : les prairies, la célèbre liqueur, mais aussi la métallurgie -reprise ensuite par Paturle-, les retraites des anciens ouvriers du monastère, et tout l'argent réinjecté localement pour rebâtir, pas seulement des églises, mais des villages et des hameaux du canton détruits par des calamités, pour percer des routes, désenclaver le territoire comme on dirait aujourd'hui.

C'est aussi un plaidoyer très concret d'élu local, dans lequel je ne puis que reconnaître les traits mêlés des trois titulaires actuels des mandats qu'il « cumulait » alors, maire de Saint-Laurent-du-Pont, conseiller général du canton et député : « *Monsieur le Président du Conseil, je suis maire de Saint-Laurent-du-Pont ; nous avons, à l'hospice des Chartreux, cent malades. Si demain les Chartreux s'en vont, ces malades sont jetés à la rue... Faudra-t-il vous les envoyer, Monsieur le Président du Conseil, ou m'adresserez-vous des fonds pour les entretenir ?* » Et Pichat de démontrer l'indigence des arguments de l'accusation et de conclure que, finalement, tous les assauts des siècles, des guerres de Religion à la Révolution, se sont brisés sur l'enracinement des pères en Chartreuse.

Un siècle a passé, le monde a tourné et, une fois encore, les Chartreux sont revenus au désert. Ils ont reconstitué la bibliothèque qui, il ne faut pas l'oublier, était le cœur du monastère originel et le demeure. Ils ont repris, sans changements, ou si peu, leur vie contemplative, selon la règle édictée au XIe siècle. Il faut se transporter à l'époque pour comprendre et qu'il me soit ainsi permis de terminer par où commence Martine Galiano, par les origines. Georges Duby, dans *Le temps des cathédrales*, en livre un raccourci saisissant : « *Au sein des grands espaces à peine défrichés, parmi les peuplades courbées sous le poids de leur misère, et qu'agitaient les spasmes d'une anxiété latente, s'élevaient, à côté des châteaux, où veillaient les soldats du siècle, d'autres forteresses, des lieux d'asile et d'espoir... Dans le domaine de l'esprit, c'est aux moines qu'appartenait alors le plein empire.* » Le monde autour d'eux a changé, mais ce besoin d'asile et d'espoir, cette soif d'esprit, quel que soit le nom qu'on lui donne, ne sont-ils pas toujours aussi nécessaires ? Aussi universels ?

Ce qui anime les querelles des hommes, de passion en intolérance, de tolérance en naïveté ou en lâcheté, demeure un mystère difficile à percer. Chaque fois que l'on reconstitue un élément de notre mémoire collective, on contribue à éclairer ce mystère. Homme d'action, de contact, mais aussi curieux des richesses de l'humanité, j'ai besoin que quelque chose de permanent demeure, je respecte, je conçois, étrangement, ce vœu de silence absolu, j'entends ce vœu de solitude. Chacun a plusieurs routes à gravir pour mener son chemin. Chaque fois que j'emprunte celle qui monte vers l'entrée du monastère, dont j'ai eu l'honneur un jour de me voir ouvrir les portes, je me dis que cette route-là aussi a le droit de faire partie du chemin.

François Brottes, député de l'Isère

AVANT-PROPOS

« Le 29 avril 1903 demeurera une date lugubre dont le souvenir se perpétuera vivant parmi nos vaillantes populations dauphinoises. » peut-on lire dans les annales dauphinoises de l'époque relatant l'événement. Et il est vrai que l'expulsion des Chartreux, l'une des plus spectaculaires conséquences de la loi du 1er juillet 1901 (Loi Waldeck-Rousseau) sur les congrégations religieuses masculines, que devait venir « parachever », en décembre 1905, la loi sur la séparation des Eglises et de l'Etat, restera l'un des faits les plus marquants de l'histoire du massif de Chartreuse et du débat politique français de cette époque.

Malgré les manifestations de soutien et les prises de position, émanant parfois d'importantes personnalités au niveau national ou international, les Chartreux devaient connaître une longue période d'exil, à Pignerol d'abord puis à Farnetta, en Italie, qui deviendra la maison-mère de l'ordre de longues années durant, le monastère de la Grande-Chartreuse étant déserté de ses *« légitimes occupants »* pendant près de quatre décennies. La fabrication de la célèbre liqueur des pères chartreux se poursuivra, elle, à Tarragone en Espagne.

En juin 1940 les moines réintégreront leur monastère, lui rendant ainsi son âme, la seule découverte de la Grande-Chartreuse possible depuis se limitant aux hauts murs

Vue extérieure de la Grande-Chartreuse au début du XXe siècle.

d'enceinte protégeant l'ensemble des vieux bâtiments qui, en 1912, furent classés Monument historique.

Un siècle plus tard, l'expulsion des Chartreux continue toujours autant à passionner les habitants du massif et les historiens, le monastère de la Grande-Chartreuse étant devenu l'un des piliers de notre patrimoine culturel, cultuel et historique, grâce à un ordre qui fit dire au frère du cardinal de Richelieu, devenu archevêque de Lyon : *« Il a été plus beau de vivre archevêque, il serait plus doux de mourir Chartreux. »*

Un grand merci à Alexandrine Andrieux-Martinet, Renée Sougey, Cécile Tarbouriech, Paul Allaman, Noël Boursier, Henri Félix-Faure, Jean-Marc et René Paturle, Roger Rey, à Louis Vadot (aujourd'hui disparu), pour leur contribution aux chapitres concernant leurs ancêtres respectifs, à Maitre Prunier-Vandenheede, à tous ceux qui, d'une manière ou d'une autre, ont collaboré à la réalisation de ce livre et aux « fils de saint Bruno » pour leur soutien précieux.

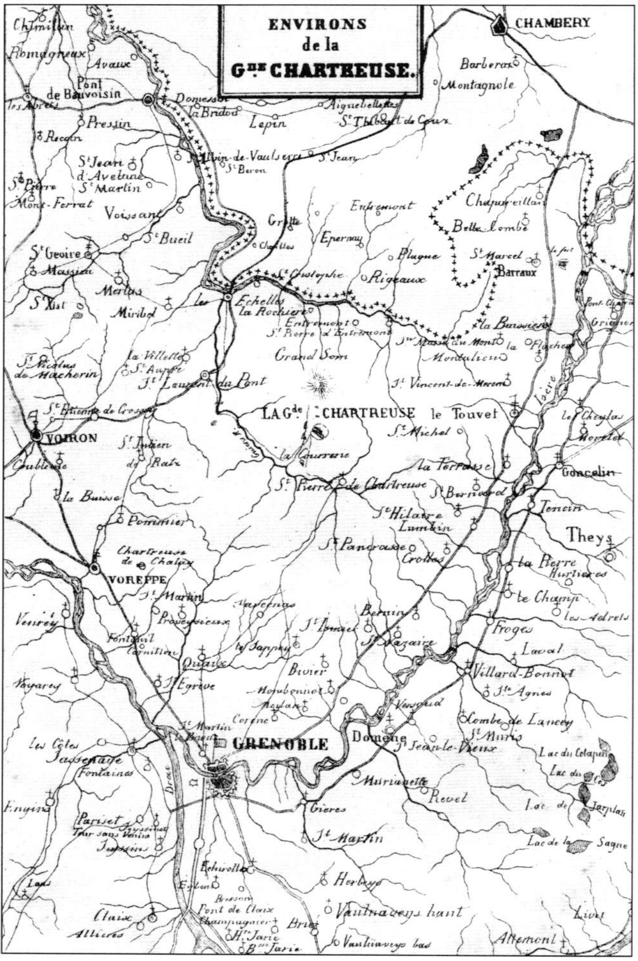

Carte du XIXe siècle.

NAISSANCE ET VIE D'UN ORDRE

En 1084 Bruno, un prêtre sans doute originaire de Cologne (les avis étant partagés, selon les Chartreux eux-mêmes), et six compagnons décidèrent de s'installer en un coin reculé de Chartreuse, sur un domaine donné par Hugues, évêque de Grenoble, avec pour principes de « *méditer les années écoulées, de former l'intelligence et la volonté, acquérir la sagesse et l'amour divin...* », pour y fonder un ordre cénobitique (c'est-à-dire basé sur une vie en commun), parmi les plus anciens aujourd'hui puisque seul celui de Saint-Benoît lui est antérieur. L'arrivée de Bruno dans le pays constitua sans doute un énorme événement puisque les actes très anciens portent souvent, pour indiquer l'année 1084, la mention de « *l'an que l'hermite est venu* ».

Le domaine donné aux Chartreux « *au pied d'un rocher* » s'agrandit de terres données, par des seigneurs et propriétaires du pays, par une charte lue à Grenoble, le 9 décembre 1086, et portée sur les registres de l'église de Grenoble. En voici un extrait : « *Le cinq des ides de décembre 1086 nous avons jugé bon, nous les esclaves du péché, de nous racheter des mains de la mort et de changer les biens temporels pour les biens célestes.* » Et c'est ici qu'allait naître un ordre, reconnu par une bulle du pape Luc III en 1186, et qui emprunta son nom au massif sur lequel il s'était implanté : la Chartreuse.

Seules subsistent aujourd'hui, à l'emplacement de ce premier embryon de monastère, deux chapelles : la chapelle Saint-Bruno, qui vint remplacer un oratoire, à l'origine dédié à la Vierge, puis au saint fondateur de l'ordre, en 1514. Des peintures en pied de Bruno et de ses six compagnons ornent les murs de ce petit édifice religieux, dont la table de l'autel serait une relique datant des prémices de l'ordre. Un peu plus bas se trouve Notre-Dame-de-Casalibus (ou Notre-Dame-des-Cabanes), hommage aux fragiles constructions de bois qui servirent de premières cellules aux moines.

La chapelle Saint-Bruno.

L'ordre connut un tel essor qu'à la fin du XIIe siècle on dénombrait 33 monastères à travers le monde, ce chiffre doublant le siècle suivant, atteignant presque les deux centaines au XVe siècle, période la plus florissante pour cet ordre cartusien qui a également exercé une évidente fascination sur les auteurs, puisque dans l'un de ses ouvrages, publié en 1653, le conseiller du roi, Corbin, ne cite pas moins de 78 livres traitant de l'histoire des Chartreux.

Le domaine des Chartreux s'accrut peu à peu et, pour en matérialiser les limites, des marques, représentant la croix et le monde, furent gravées dans les rochers. Au XVIe siècle ces marques se complétèrent de petits oratoires, à l'aspect assez caractéristique, au nombre de sept, tous placés en bordure de chemins ou de sentiers. Selon la légende locale, un fait historique serait lié à l'un de ces oratoires. Vers 1820, un vieux garde forestier aurait entendu du bruit dans la forêt, non loin de Tenaison : se retournant, il aperçut trois pères chartreux arrivant de Pont-Pérant, accompagnés de trois mulets chargés chacun de deux grandes caisses. Les trois moines, l'un d'entre eux un plan à la main, demandèrent au garde le nom des rochers surmontant le chemin. Le plan menait à la Charmette et plus particulièrement à l'oratoire au pied duquel les Chartreux se mirent à creuser, découvrant bientôt un grand coffre contenant des ostensoirs, des vases sacrés, de nombreux objets du culte. Des objets appartenant au monastère de la Grande-Chartreuse ! Lors de la tourmente révolutionnaire, les Chartreux avaient tout juste eu le temps de cacher ce trésor au pied de l'oratoire qui avait bien gardé son secret…

Considérés comme *« les premiers métallurgistes du royaume »*, les Chartreux qui, pour subvenir à leurs besoins, se tournèrent vers l'exploitation de leurs forêts et de leurs alpages furent des maîtres de forge avant de créer leur célèbre liqueur aux 130 plantes qui aujourd'hui encore porte très loin la renommée de la Chartreuse. Une manne, au niveau économique, la liqueur de Chartreuse ayant incontestablement permis à l'ordre de prospérer, de se maintenir après la fin de l'activité métallurgique de Fourvoirie, et de *« poursuivre l'œuvre de charité et d'assistance exercée à l'égard de tous les miséreux ou indigents du massif de la Chartreuse »*.

Au tout début du XVIIe siècle, le maréchal François-Annibal d'Estrées (1573-1660) avait fait don, aux Chartreux de Vauvert, près de Paris, de la recette d'une liqueur bienfaisante, sans doute création d'un alchimiste du XVe siècle. Le manuscrit sommeilla longtemps avant que le prieur Dom Pascal le Tonnelier apporte ce document au

L'oratoire de la Charmette.

Les usines des Chartreux à Fourvoirie d'après une gravure ancienne.

Les usines au début du XXe siècle.

révérend père général de la Grande-Chartreuse et, qu'en 1787, le Frère Jérôme Maubec, génial apothicaire, parvienne à fabriquer « *l'élixir végétal de la Grande-Chartreuse* », puis « *la liqueur de santé* », ou chartreuse verte, « *la liqueur de table* » ou chartreuse jaune n'étant créée que bien plus tard, en 1838, par le Frère Bruno Jacquet.

Au fil des siècles les moines de la Grande-Chartreuse n'ont pas échappé à différents tourments :

- En 1132 une avalanche détruisit les cabanes constituant les cellules du premier monastère.
- De 1320 à 1676 le monastère de la Grande-Chartreuse connaît par huit fois la destruction partielle ou totale, à travers de terribles incendies.
- Vers le milieu du XIVe siècle la peste noire fit de très nombreuses victimes parmi les Chartreux.
- En l'an 1562 le monastère de la Grande-Chartreuse fut en partie saccagé et pillé par les hommes du baron des Abrets. Les religieux durent se réfugier dans d'autres maisons de l'ordre, ne parvenant à regagner la maison-mère qu'en 1566.
- Le 14 octobre 1792, les Chartreux furent expulsés et remplacés par un régisseur civil, du nom de Bigillon, par le gouvernement révolutionnaire. Il fallut attendre la chute de l'Empire, en 1815, pour que les Chartreux soient autorisés, par ordonnance royale de Louis XVIII, à réinvestir leur monastère, sous la conduite de Dom Moissonnier. Ce dernier devait mourir onze jours seulement après ce retour, le 19 juillet 1816.
- En février 1814, le monastère fut saccagé par plusieurs centaines de soldats autrichiens, en représailles à la défaite que venaient de leur infliger des hommes de Saint-Pierre-de-Chartreuse.

Les tourments des Chartreux n'étaient pas terminés pour autant. Avant de payer eux aussi leur tribut à la première guerre mondiale, ils devaient être de nouveau expulsés, au début du XXe siècle. Le 29 avril 1903 c'est encadrés de sapeurs du Génie, d'un bataillon d'infanterie et de deux escadrons de dragons à cheval que les religieux, en un long cortège précédé de Dom Michel, le révérend père général, partaient pour leur plus longue période d'absence. Une partie de l'âme de la Chartreuse était forcée à l'exil.

Dom Michel sortant du couvent (cliché Michel).

L'EXPULSION DE 1903

L'article 13 de la loi du 1er juillet 1901 (Loi Waldeck-Rousseau) sur les congrégations religieuses masculines, qui stipulait qu'aucune d'entre elles ne pouvait se former sans une autorisation qui en fixerait les conditions de fonctionnement et que « *sa dissolution pourrait être prononcée par simple décret* », allait apporter un bouleversement profond dans la vie de l'ordre des Chartreux et du massif de la Chartreuse. Etonnamment, en septembre 1901, dans un article concernant cette nouvelle loi, paru dans *les Annales politiques et littéraires*, l'illustration choisie pour évoquer les congrégations religieuses représente une scène où les moines apparaissent sous un jour pas forcément très flatteur, même si ce ne fut sans doute pas la volonté de l'artiste ayant réalisé cette œuvre, Théobald Chatran, resté célèbre pour ses portraits du pape Léon XIII et du président Roosevelt.

Né en 1846 et fils du maire de Nantes, Pierre Waldeck-Rousseau ne se doutait certainement pas que son nom resterait autant lié à l'histoire d'un massif ! Avocat d'affaires, devenu député en 1879, puis ministre de l'Intérieur de Léon Gambetta et de Jules Ferry, sénateur de la Loire en 1894, Waldeck-Rousseau, chef du Gouvernement d'Emile Loubet en 1899, sera président du Conseil jusqu'en 1902. Défenseur de Gustave Eiffel, en 1894, lors de l'affaire de Panama, et à l'origine de la révision du procès Dreyfus, il restera le « père » de la fameuse loi dite de 1901. Une loi se voulant libertaire, déposée en novembre 1899 pour remplacer le code Napoléon et dont l'un des articles stipulait que : « *Nulle association de plus de vingt personnes dont le but est de se réunir tous les jours ou à certains jours marqués, pour s'occuper d'objets religieux, littéraires, politiques ou autres, ne pourra se former qu'avec l'agrément du gouvernement et sous les conditions qu'il plaira à*

Mâtines à la Grande-Chartreuse (dessin de Théobald Chatran).

l'autorité publique d'imposer à la société. » Dès le vote de la loi de 1901, la polémique s'était instaurée entre partisans et opposants du monastère de la Grande-Chartreuse, que sa renommée et son rayonnement mondial ont transformé en véritable enjeu de lutte. Au moment où la laïcisation de l'enseignement connaissait une grande frénésie, les efforts des Chartreux pour maintenir et même développer les écoles catholiques ne pouvaient qu'être perçus comme une entrave à l'école publique.

A sa démission pour raisons de santé, en juin 1902, Waldeck-Rousseau est remplacé à la présidence du Conseil des ministres par Emile Combes. Fils d'un modeste tailleur d'habits, ce dernier, docteur en théologie et en médecine, s'engagea dans la politique où il développa le « combisme », politique particulièrement anticléricale, appliquant avec tant de sectarisme les dispositions de la loi relatives aux congrégations que Waldeck-Rousseau lui-même dénonça son attitude en juin 1903, dans un discours au Sénat, après l'expulsion des Chartreux.

En route pour l'exil.

Le 26 mars 1903, à la Chambre des députés, Jean-François Pichat, également maire et conseiller général de Saint-Laurent-du-Pont, avait plaidé avec fougue la défense des Chartreux, dont il était l'ami et l'architecte. Chef de famille *« austère et respecté »*, comme le décrit un journal de l'époque, issu d'une très ancienne famille d'agriculteurs établie depuis plus de trois siècles à Saint-Christophe-sur-Guiers, le député de la deuxième circonscription de Grenoble se lança dans un pathétique et vibrant discours de plus de deux heures afin de tenter d'arracher, non pas pour la congrégation des Chartreux, les autres communautés étant déjà parties dès 1901, mais pour les moines de la Grande-Chartreuse, l'autorisation, déposée le 2 novembre 1902 de rester dans leur monastère. Par une majorité de cent voix (322 contre 222), les pères Chartreux se virent refuser cette autorisation. Les novices de l'ordre, qui, jusqu'alors, attendaient la décision, furent envoyés dans une autre Chartreuse, en Angleterre.

Jean-François Pichat.

Le 5 avril 1903, Dom Michel, le prieur de la Grande-Chartreuse, avait répondu à l'évêque de Grenoble, ce dernier lui ayant adressé un courrier exprimant sa plus énergique protestation : *« Ne nous plaignez pas, Monseigneur, les pauvres aveugles qui nous persécutent sont, à mon avis, bien plus à plaindre que nous (...) Je suis rempli de pitié pour ces malheureux qui, après avoir follement perdu la paix du cœur en cette vie, n'ont à espérer, après la mort, qu'une effrayante sentence du Juge tout-puissant... »*

Le 12 avril nouvelle lettre, du père général cette fois-ci, à Emile Combes, lui faisant part du refus des Chartreux de *« déserter le poste de pénitence et d'intercession où il a plu à la providence de nous placer »*. Prévoyant un coup de force, Dom Michel accordait par avance son pardon à Emile Combes pour *« les procédés si peu dignes d'un chef de gouvernement »*. Pardon s'accompagnant d'un *« conseil salutaire »* se doublant d'un *« avertissement sérieux »* à savoir sa comparution *« devant le tribunal de Dieu »* où n'auraient aucune chance de paraître *« les effets de tribune, les artifices éloquents, les chantages, les faux documents, les manœuvres parlementaires et les majorités complaisantes »*. Dans ce courrier resté célèbre, Dom Michel concluait : *« A bientôt Monsieur le président du Conseil ! Je ne suis plus jeune et vous avez un pied dans la tombe. Préparez-vous, la confrontation que je vous annonce vous réserve des émotions inattendues. »*

A la date du 15 avril 1903, l'entrée du couvent était interdite au public, un commissaire montant deux jours plus tard pour constater que *« les moines n'étaient toujours pas partis »*. Il en restait toutefois fort peu, beaucoup étant partis vers d'autres Chartreuses.

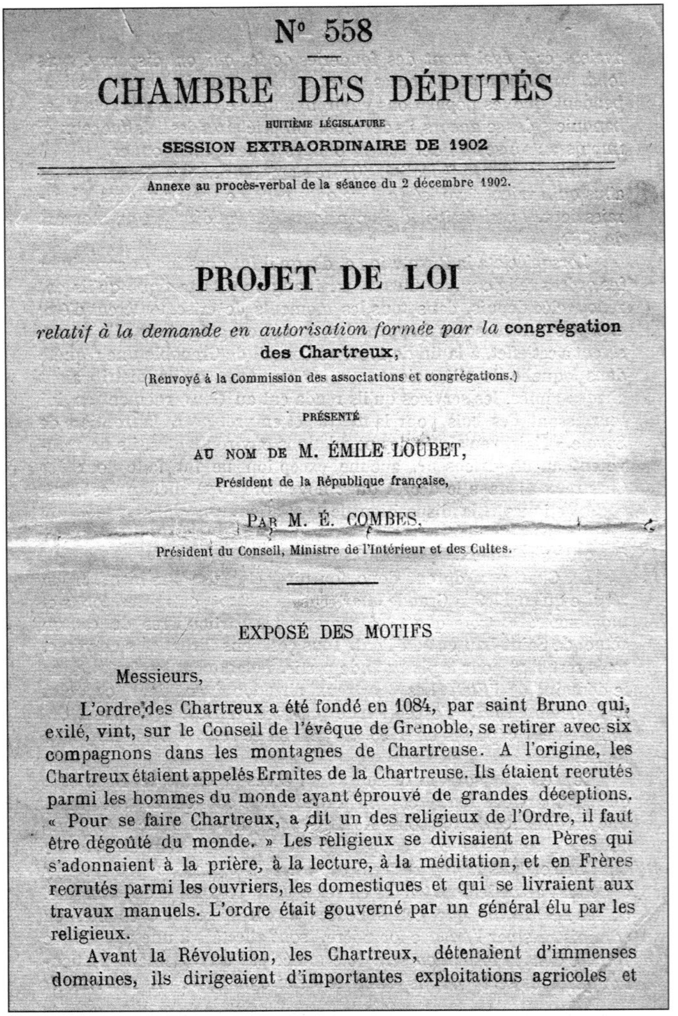

N° 558

CHAMBRE DES DÉPUTÉS

HUITIÈME LÉGISLATURE

SESSION EXTRAORDINAIRE DE 1902

Annexe au procès-verbal de la séance du 2 décembre 1902.

PROJET DE LOI

relatif à la demande en autorisation formée par la **congrégation des Chartreux,**

(Renvoyé à la Commission des associations et congrégations.)

PRÉSENTÉ

AU NOM DE M. ÉMILE LOUBET,

Président de la République française,

PAR M. É. COMBES,

Président du Conseil, Ministre de l'Intérieur et des Cultes.

EXPOSÉ DES MOTIFS

Messieurs,

L'ordre des Chartreux a été fondé en 1084, par saint Bruno qui, exilé, vint, sur le Conseil de l'évêque de Grenoble, se retirer avec six compagnons dans les montagnes de Chartreuse. A l'origine, les Chartreux étaient appelés Ermites de la Chartreuse. Ils étaient recrutés parmi les hommes du monde ayant éprouvé de grandes déceptions. « Pour se faire Chartreux, a dit un des religieux de l'Ordre, il faut être dégoûté du monde. » Les religieux se divisaient en Pères qui s'adonnaient à la prière, à la lecture, à la méditation, et en Frères recrutés parmi les ouvriers, les domestiques et qui se livraient aux travaux manuels. L'ordre était gouverné par un général élu par les religieux.

Avant la Révolution, les Chartreux, détenaient d'immenses domaines, ils dirigeaient d'importantes exploitations agricoles et

La première page du projet de loi qui rejettera la demande des Chartreux.

Dès le lendemain du vote de la chambre, le Gouvernement demandait à maître Sourd, notaire des Chartreux à Saint-Pierre-de-Chartreuse, de lui communiquer la liste des biens immobiliers de ces derniers. Cinq jours plus tard, le tribunal nommait un liquidateur, imposé par le Gouvernement qui, dès le jour suivant, se rendit à la Grande-Chartreuse pour apposer les scellés sur les accès au couvent. Il accorda toutefois un délai de quinze jours au révérend père des Chartreux, afin de lui permettre d'évacuer le monastère avec l'ensemble de son ordre. Les religieux s'empressèrent de mettre à l'abri un maximum d'objets qu'ils voulaient préserver et on dit que dans les jours qui suivirent *« la route reliant le Désert de Chartreuse à Saint-Laurent-du-Pont connut l'intense activité des chars de déménagements »*. Le déménagement avait commencé *« pendant la Semaine sainte, dans l'intervalle des offices »*, tout étant dirigé vers l'Italie. *« C'est une toilette de Vendredi saint dans nos pauvres habitations (…) Notre Seigneur en avait certes moins sur la croix ! »* devait écrire un religieux ayant vécu ces événements.

Jour de spaciement : promenade à Notre-Dame-de-Casalibus.

Dom Louis-Paul, conduit quelques jours plus tard à l'interrogatoire.

Autour de Dom Michel, une douzaine de pères et une dizaine de frères, auxquels s'ajoutaient cinq fidèles domestiques. En raison du « blocus » imposé aux religieux, le spaciement (seule promenade hebdomadaire autorisée à l'extérieur du monastère) se déroula dans un jardin intérieur, permettant tout de même aux religieux de se dégourdir un peu les jambes et de prendre la mesure de leur capacité de résistance. *« Nous pouvons déambuler en paix, n'ayant qu'une bien lointaine ressemblance avec des assiégés qui surveillent l'ennemi du haut de la terrasse de leur château fort »*, devait écrire l'un d'eux.

Dom Louis-Paul, un autre des Chartreux « assiégés », remplissant les fonctions de sous-procureur, adressait de petits signes aux manifestants, depuis l'une des fenêtres protégées de barreaux.

Le 19 avril 1903, maître Parendel, l'huissier de Saint-Laurent-du-Pont, fut chargé d'aller porter deux assignations à la Grande-Chartreuse, l'une étant adressée au révérend père Dom Michel, général de l'ordre, l'autre à Dom Clovis, leur signifiant à tous deux leur *« inculpation pour rébellion à la loi »*. L'huissier ne parvint jamais au monastère : un groupe de manifestants lui en interdit la route, contraignant l'huissier à déposer ses assignations à Saint-Pierre-de-Chartreuse. Dès ce jour, sur l'initiative de la population des environs, des tours de garde se mirent en place pour protéger le couvent et les Chartreux de l'expulsion. Les femmes ne furent pas en reste, certaines se regroupant devant l'hostellerie des Dames, face au couvent. Dépendance la plus proche du monastère, ce bâtiment sert toujours de lieu d'accueil aux personnes reçues par les Chartreux mais non autorisées à pénétrer dans l'enceinte du couvent.

Dès le 17 avril, c'est sous la neige et dans le froid qu'arrivèrent les habitants des communes environnantes, parmi lesquels de nombreux Laurentinois, dont Claude Valentin, plus connu sous le nom de Grand Valentin, que les télégrammes provenant de la Grande-Chartreuse assiégée citeront comme *« organisateur populaire de la résistance cartusienne »*. Parmi les manifestants on nota aussi la présence d'un illustre septuagénaire, le comte Cottin de Beauregard, ancien député de l'Ain, venu avec une couverture (et un nerf de bœuf...), n'hésitant pas à dormir à même le sol. Dans la nuit glaciale il invita les manifestants frigorifiés à dire des chapelets, la prière permettant selon lui de se réchauffer !

Devant l'hostellerie des Dames.

Nos défenseurs, *dessin réalisé par l'un des Chartreux qui connurent l'exil.*

Tout au long de la route conduisant au monastère des postes de surveillance et de gardes s'installèrent dans la neige, derrière des rochers ou des taillis, sur des arbres… Le 28 avril une foule plus dense encore, composée d'au moins 5 000 personnes, se pressait devant le monastère. Sous le vaste hangar tout proche, des feux de camp, illuminant la nuit sombre de mille étincelles, permettaient aux manifestants de trouver une bien illusoire chaleur. Le soir arriva et, avec lui, cette nuit qui resta dans les mémoires comme celle de la veillée d'armes… Une nuit que relatèrent en détail les nombreux correspondants de presse présents sur place et représentant, entre autres, *le Petit Dauphinois, la Libre Parole, le Petit Parisien, le Réveil Républicain de Lyon, la Croix de l'Isère…*

Feu de camp sous le hangar. (Cliché Alpes Pittoresques*)*

Un groupe de manifestants avec, à gauche, le comte de Vaulserre. (Cliché Grenoble Photo Hall)

Manifestants devant le poste de garde. On reconnaît, à droite, le Grand Valentin. (Cliché Bourron)

Il faut dire que, dans la journée, on avait appris que des forces militaires étaient en route pour procéder à l'expulsion des Chartreux. A l'annonce de cette nouvelle, des barrages furent installés au niveau des trois ponts « stratégiques » : Grand Logis, Saint-Pierre et Saint-Bruno où des arbres entravaient le passage des troupes. Dans la nuit, les manifestants durent pourtant s'écarter sous la charge des dragons conduits par le lieutenant-colonel d'Hauteville et, vers deux heures du matin, la rumeur se fit de plus en plus forte : le 2e bataillon du 140e de ligne de Grenoble serait lui aussi tout près du couvent ! Les manifestants entonnèrent alors la *Marseillaise*. Une heure plus tard, les dragons et des gendarmes, précédés de l'armée, arrivèrent effectivement devant le monastère sous les cris des manifestants résonnant dans la nuit glaciale : *« Vive l'armée ! Vive les Chartreux ! Vive la liberté ! »*

Les manifestants avaient parfaitement perçu que les militaires n'adhéraient pas à cette expulsion. Le capitaine Lionel des Francs, l'un des officiers commandant un détachement envoyé en Chartreuse, n'avait-il pas brisé son épée, sur le retour, à la sortie du tunnel des Echelles, et envoyé sa démission pour ces actes qu'il réprouvait ? Le capitaine avait rédigé sa lettre, dans le coin d'une grange, à Entre-Deux-Guiers, où dormaient ses hommes, *« accablés d'émotion et de fatigue »*. Le commandant de Coubertin, commandant le 2e dragon de Chambéry, qui se chargea de l'expulsion des Chartreux, devait dès son retour demander au ministre de la Guerre de le relever de ses fonctions : respectueux de l'ordre donné par sa hiérarchie militaire, de Coubertin avait exécuté l'ordre d'expulsion mais il considérait que *« la noble énergie de nos officiers réclame une plus noble tâche et seule la démission de son chef peut la laver de cet affront »*.

Quelques heures suffirent aux forces de l'ordre pour que la façade du couvent soit dégagée mais on ne tenta pas d'entrer par la haute porte aux deux lourds vantaux de bois, lui préférant la petite porte, distante de quelques dizaines de mètres, comme si une ultime pudeur empêchait de forcer la porte d'honneur. La porte résista tout de même près d'une demi-heure aux pics et aux haches. A sept heures du matin, le 29 avril 1903, c'est sous les ovations de la foule que les pères Chartreux sortirent du couvent escortés des gendarmes, des manifestants en larmes se jetant aux pieds des « *vénérés proscrits* », donnant lieu, comme le relatèrent les journaux de l'époque, à des « *scènes déchirantes* ». Les religieux furent alors conduits à l'hôtellerie des Dames faisant face au monastère pour y être interrogés un par un. Dom Michel fut escorté de son avocat et de Jean-François Pichat.

Plus tard, un long cortège se forma, composé des religieux se mettant en route vers Saint-Laurent-du-Pont, sous une pluie torrentielle. On parvint à convaincre le père général, très fatigué, de prendre place, avec Jean-François Pichat, le maire de Saint-Laurent-du-Pont, dans une première voiture ; un changement de véhicule s'opéra, le révérend père Dom Michel terminant le parcours dans le « courrier » de l'évêque de Grenoble, monseigneur Henry, venu apporter son soutien aux religieux. On raconte que la foule, accompagnant les religieux avec des drapeaux français voilés de crêpe, dételа les chevaux à l'entrée du bourg de Saint-Laurent-du-Pont, conduisant elle-même la voiture sous les acclamations.

Derniers Pères Chartreux entrant à l'Hôtellerie des Dames pour y être interrogés

Edition Grenoble-Photo-Hall, Grande-Rue, 23

Dom Michel est ovationné par la foule.

L'attente du train à Saint-Laurent-du-Pont.
(Cliché du comte de Vaux de Saint-Cyr)

Aux environs de midi, ce fut donc une foule immense, criant sa révolte, qui accueillit le cortège arrivant de la Grande-Chartreuse. Les Chartreux se rendirent d'abord au domicile de Jean-François Pichat jusqu'à l'arrivée, à la gare du Revol, du train spécial emportant les religieux vers l'Italie, où ils arrivèrent le 30 avril 1903. Tout au long du parcours entre Saint-Laurent-du-Pont et Chambéry des personnes se massèrent pour saluer une dernière fois les religieux en partance pour l'exil, les cloches des églises sonnant à toute volée à leur passage.

Parmi les manifestants, l'abbé Frechet, vicaire de Saint-Laurent-du-Pont, un étudiant du nom de Joseph Carre, Georges Thouvard un banquier grenoblois, le comte de Galbert et celui de Virieu avaient crié leur colère avec tant de force qu'ils comparurent quelques jours plus tard devant le tribunal de Grenoble pour avoir « *proféré des cris injurieux contre le parquet lors de l'expulsion* ». Les jours de prison et les amendes infligées aux accusés furent qualifiés de « *glorieuses condamnations* ».

Après sa peine de prison l'abbé Frechet fut accueilli en héros à Saint-Laurent-du-Pont, les prêtres du canton lui offrant un calice en remerciement du courage « *avec lequel il avait souffert pour la religion* ».

Quant au comte de Vaulserre, lui aussi au nombre des manifestants, il devait prononcer une vibrante allocation se terminant par ces mots : « *Mes révérends pères, nos larmes vous accompagnent, elles vous suivront au-delà de nos frontières. Nos cœurs sont avec vous. Lorsque vous n'entendrez plus tinter les cloches de nos villages,*

L'abbé Frechet.

Le comte de Virieu (Cliché Lumière).

rappelez-vous que vous avez laissé, en Isère et en Savoie, une multitude d'amis pleins de piété, de reconnaissance pour les saints ermites de la Chartreuse. Adieu mes révérends pères, ne nous oubliez pas ; priez pour nous et pour que des temps meilleurs vous ramènent, afin que le couvent de la Grande-Chartreuse redevienne, comme il l'a toujours été, la sauvegarde du pays. Au revoir mes révérends pères, au revoir ! »

Avant de partir en exil, Dom Michel, qui finalement savait avoir la plume acerbe, laissa à l'attention du liquidateur des biens des Chartreux un message, court mais percutant, resté célèbre lui aussi dans les annales de l'expulsion, pour avoir été publié par les journaux de l'époque, deux jours de suite. Message contenant une excommunication en raison de *« l'office honteux et sacrilège qu'il a accepté, qu'il a peut-être demandé et qu'il exerce en ce moment »*. On ignore ce que ressentit le liquidateur, du nom de Lecouturier, en découvrant ce texte lui rappelant *« les effets redoutables de l'excommunication au point de vue spirituel et temporel »*, effets dont le liquidateur devait, selon le révérend père des Chartreux, *« faire l'expérience dans un avenir prochain »*.

Tout cela n'empêcha nullement le liquidateur de mettre en vente, quelques années plus tard, *« une église avec son clocher à Saint-Christophe-la-Grotte et un cimetière dépendant de la liquidation des Chartreux »*. L'église fut adjugée pour le prix de 260 francs, le 12 septembre 1908, à l'audience des criées du tribunal civil de Grenoble ; le cimetière fit l'objet d'une souscription de la population de Saint-Christophe-la-Grotte, qui fit une surenchère de 310 francs pour éviter la profanation des restes de ses défunts ! Lors de la vente, un employé aurait dit : *« J'ai vu bien des saletés mais celle-ci dépasse les bornes… »*

Dom Michel Baglin.

QUE FAIRE DU MONASTÈRE ?

Le monastère déserté de ses occupants, l'Etat dut bien trouver une affectation aux bâtiments dont il était propriétaire. Et ce d'autant plus que la préoccupation du gouvernement de l'époque était d'empêcher, par tous moyens, de permettre un éventuel retour des Chartreux dans cet édifice, classé Monument historique en 1912, et dans ses dépendances.

« Il faut sauver la Grande-Chartreuse », titrait *la République de l'Isère* dans son édition du dimanche 23 août 1912, estimant à cent mille francs de l'époque les travaux déjà nécessaires à sa restauration et à dix mille le coût de son entretien annuel. Un très long article développait *« l'œuvre des Chartreux »*, rappelant tout ce qu'ont pu offrir au massif *« les généreux bienfaiteurs de notre région »* au fil des siècles : la reconstruction du bourg de Saint-Laurent-du-Pont après sa destruction par un incendie en 1854, les 100 000 francs donnés pour la route d'accès à la Grande-Chartreuse la même année, les 30 000 francs *« pour percer le rocher du Frou et créer ainsi le passage le plus beau et le plus pittoresque qui soit »* afin de désenclaver la commune de Saint-Pierre-d'Entremont, la construction de l'hôpital de Saint-Laurent-du-Pont, *« qui fait l'admiration de tous les étrangers »*, en 1892, sans oublier l'aide de 50 000 francs accordée à Voiron après l'effroyable inondation qui ravagea la ville en 1897, ou *« la retraite sans supporter aucune retenue »* perçue par les anciens ouvriers des Chartreux. Tout ça pour conclure que *« les importantes constructions du célèbre monastère, unique en son genre, ne peuvent être entretenues que si elles sont habitées (...) Les Chartreux, seuls, en sont les habitants naturels et possibles »*.

Un aperçu des dégâts provoqués à Voiron par la terrible crue de 1897.

Il faut sauver la Grande-Chartreuse

(NOTRE ENQUETE)

Un crédit de 100.000 francs sera affecté aux réparations

Les architectes de l'Etat estiment à 100.000 francs les travaux de restauration et à 10.000 francs l'entretien annuel. — Deux mises au point décisives. Un vœu du Conseil municipal de St-Laurent-du-Pont précise l'œuvre des Chartreux dans la région. - Un avis particulièrement autorisé Ce que dit M. Pichat. — Le seul moyen vraiment pratique d'assurer l'entretien de la Grande-Chartreuse est de la rendre à sa véritable destination.

On songea à transformer le monastère en hôtel, puis en musée. Quant à la tentative de création d'une école de laiterie dans les locaux de la Correrie, débutée en 1909, elle connut l'échec même si elle ne ferma réellement ses portes qu'en 1920. Placée sous la tutelle de l'administration de l'Agriculture et dirigée par un certain monsieur Gallin, l'école ne totalisa que 54 élèves, 43 décrochant un diplôme. « *Une expérience qui aura coûté plus de 120 000 francs or (...). Dans cette lamentable affaire de laiterie, il y a au moins une vache à lait : le contribuable !* » put-on lire dans la presse de cette époque.

Par un bail signé le 1er mars 1919, le monastère fut remis au département de l'Isère par l'Etat. Le 28 mars 1924, sous l'impulsion de Léon Perrier, farouche opposant au retour des Chartreux, le conseil général de l'Isère vota des crédits pour le projet de création d'un établissement réservé aux intellectuels ; projet « *aménagé* » l'année suivante, le couvent de la Grande-Chartreuse devant plutôt devenir « *une maison de repos pour les intellectuels fatigués à la suite d'un intense labeur cérébral* », comme le rapporte le journal *la Dépêche Dauphinoise* du 11 octobre 1925.

Le projet n'avait toujours pas abouti en 1926 et ce beaucoup grâce à la pression de la LDAC, qui s'opposait farouchement à cette utilisation du monastère. Née très exactement le jour de Noël 1924, sous l'impulsion de monseigneur Caillot, évêque de Grenoble, la Ligue dauphinoise d'action catholique, créée un peu en réaction à celle, alors récente, du PDP (Parti démocrate populaire), devint bien vite une force de résistance, si ce n'est redoutable tout au moins impressionnante avec ses « ligueurs » et ses « ligueuses », la section féminine n'ayant été créée qu'en 1926. Entendant combattre la franc-maçonnerie, défendre l'enseignement libre, la LDAC fit du retour des Chartreux sa principale lutte. *« La Chartreuse ne se conçoit pas sans les Chartreux ! Ils reviendront, monsieur, nous vous en donnons notre parole ! »* devait écrire Louis Bonnet-Eymard, président de la LDAC, dans un courrier qu'il adressa à Léon Perrier, en réponse à son affirmation selon laquelle : *« On ne pense pas plus à faire revivre les Chartreux à la Grande-Chartreuse que nos anciens rois au palais du Louvre ou à celui des Tuileries. Le passé est le passé et les cléricaux perdent du temps à vouloir le faire revivre. »*

Le 29 mai 1927 resta une date mémorable dans l'histoire du pays des Chartreux avec un meeting qui rassembla à Voiron plus de 50 000 adhérents, lors de ce gigantesque rassemblement, toujours sur l'initiative de la LDAC, et placé sous la présidence du cardinal-archevêque de Lyon et de l'évêque de Grenoble. A cette date, la Ligue dauphinoise d'action catholique comptait 470 comités d'hommes, les dames en comptant 150 sur l'ensemble du diocèse. Le premier meeting avait rassemblé, le 11 octobre 1925 à La Tronche, 10 000 ligueurs, chiffre qui doubla lors du second meeting le 25 avril 1926 à Vienne. Quant aux conférences, elles se multiplièrent : près de 400 furent organisées en peu de temps.

Le meeting de Voiron avait été programmé à la suite du non-renoncement de Léon Perrier à son désir de transformation du monastère en maison de repos. Au début de l'année 1927, Léon Perrier avait même fait appel à la Société des Nations, par le biais de l'Institut de coopération intellectuelle, pour tenter de mener à bien son projet. Un journal londonien se fit l'écho de cette demande et du refus de la SDN concernant *« le monastère historique des Chartreux dans les Alpes »*. L'une des raisons du refus était *« qu'aucun intellectuel catholique n'accepterait d'aller s'installer dans des locaux dont les religieux ont été injustement expulsés »*. Pour la SDN, le projet apparaissait de toute

L'arrivée des premiers manifestants à Voiron.
(Cliché Piccardy)

Défilé dans les rues. (Cliché Piccardy)

Manifestants devant l'église de Voiron.

Des milliers de personnes répondirent à l'appel de la LDAC. (Cliché Piccardy)

manière peu réaliste, « *le monastère étant d'accès difficile et les logements qu'il offre ne convenant guère à l'hébergement de professeurs ou d'hommes de lettres* ». De plus, comme concluait fort lucidement cet article, « *il n'est nullement certain que les hôtes soient accueillis favorablement par les habitants de la région* » !

Le gigantesque mouvement d'opinion en faveur des Chartreux se trouva parfois étonnamment relayé par des prises de positions émanant de personnalités leur étant, a priori, peu acquises. Ce fut le cas, en 1931, du député de la Tour du Pin, Jean-Louis Chastenet, qui depuis plusieurs mois reprochait à Léon Perrier son obstination contre le retour des Chartreux, « *haine recuite, inexpiable, survivance anormale de mœurs périmées* ». Chastenet, alors même qu'il était rédacteur en chef du *Droit du Peuple*, journal de la Fédération socialiste de l'Isère, s'était toujours insurgé contre ce que les défenseurs des Chartreux qualifiaient de « *bas anticléricalisme, fait de méchanceté, d'ignorance et d'étroitesse d'esprit* ». Ancien postier, Chastenet affirmait haut et fort sa conviction que « *les hommes, qu'ils portent un veston, une redingote, un froc ou une salopette, doivent être égaux devant la loi. Ainsi l'exige la sainte doctrine républicaine* ». Autant dire que la brillante carrière de Chastenet fut un peu compromise, ce qui n'empêcha nullement l'auteur des

Dans la cour d'honneur du monastère.

Le personnel de l'hôtellerie des dames (hors clôture avant l'expulsion).

Libres propos d'un homme libre d'être fait chevalier de la Légion d'honneur, quelques années plus tard.

Ces prises de positions de plus en plus nombreuses eurent raison de ce projet « *d'élevage de coucous fatigués sous les sapins de la Grande-Chartreuse* », même si, au cours de l'été 1930, toujours sous l'impulsion de Léon Perrier, fut aménagée dans une partie du couvent une hôtellerie dont la clientèle se composait essentiellement d'intellectuels, fatigués ou non ! Aussitôt rebaptisée « Auberge des Coucous », du nom de cet oiseau pondant ses œufs dans le nid de ses congénères, l'établissement suscitera nombre de réactions parmi la population et ce d'autant plus que la vaste cour d'honneur, jusqu'alors ouverte au public, lui fut désormais fermée pour le fonctionnement de l'hôtellerie.

Parmi les intellectuels qui séjournèrent à l'« Auberge des Coucous », un professeur danois, du nom de Westrup, se présenta parmi les tout premiers, ce qui lui valut les honneurs de la presse. Dans *la République de l'Isère* du 6 juillet 1930, un article signé Irénée Brochier suscitera de multiples réactions et un très important courrier pour le pauvre professeur Westrup. Après avoir reçu, entre autres, l'avertissement d'un ancien combattant, la lettre de révolte d'un père de « *trois soldats morts pour la France* », celle des Femmes françaises ou bien encore celle d'un éminent professeur de la faculté des sciences de Grenoble, le résident danois, « *dont la bonne foi avait été surprise et chez qui la fatigue n'avait pas aboli la propreté morale* », quitta l'auberge du monastère. Il venait de recevoir un courrier émanant du capitaine Lionel des Francs, qui avait commandé l'un des escadrons du 4e dragons qui furent contraints d'assiéger le monastère. En voici un court extrait : « *Le 19 mars 1916, au Cabaret-Rouge, sous Verdun, mon fils mourait pour la France. L'épée que le père avait brisée dans les larmes, en 1903, le fils la reforgeait dans le sang du sacrifice victorieux (...) Je vous devais, n'est-il pas vrai, le récit du drame de 1903 et de la torture qu'il imposa à ma conscience. Il brisa ma carrière mais il permit de laisser derrière moi l'honneur. Pensez au vôtre, il est engagé maintenant dans ce drame (...) Quand vous traversez la cour de Chartreuse, songez aux dragons de 1903 qui sont là, têtes baissées, pleurant de honte, tandis que défilent devant eux, comme des malfaiteurs, les blancs disciples du Christ. Vous, monsieur le professeur, vous êtes libre : il faut vous en aller !* »

Parallèlement à tous les mouvements d'opinion, la Commission des monuments historiques, qui avait classé la Grande-Chartreuse depuis 1912, publiait des rapports dénonçant le « *si mauvais entretien* » que le conseil général de l'Isère faisait de ces bâtiments « *que d'importants travaux sont aujourd'hui nécessaires pour pallier aux dégradations* ». Le 31 août 1930, le gouvernement de monsieur Tardieu demanda au préfet de l'Isère de dénoncer le bail ayant cédé le monastère au département.

L'Etat redevenait propriétaire de la Grande-Chartreuse qui devait attendre dix ans encore avant de retrouver ses fils de saint Bruno, venus au cœur de ce massif, plié dans ses ravines, protégé de ses falaises rocheuses, pour consacrer leur existence au silence, dans un couvent qui a endossé le nom du massif comme on se roule dans une cape...

La vérité selon André Pascal

L'expulsion des Chartreux suscita tant de réactions et fut dénoncée avec tant de force qu'un petit livret, destiné à la justifier, parut en 1903. Intitulé *La vérité sur les Chartreux* et édité sur l'initiative de la Ligue des droits de l'Homme et du citoyen, l'ouvrage en question entendait « *faciliter aux hommes de bonne foi la possession de ce bien, pour eux précieux entre tous, la vérité* ».

Toujours selon la section grenobloise de la Ligue, « *en face de certains moyens employés pour tromper l'opinion en falsifiant les éléments qui la forment, en face des inventions singulières à l'aide desquelles le parti clérical et nationaliste fabrique ses légendes, la présente publication répond au but d'éducation générale de l'esprit public qui est notre raison d'être* ». Reprenant le projet de loi ayant permis l'expulsion des Chartreux, et renforcé du rapport « *portant les mêmes conclusions* », que fit Claude Rajon, député de l'Isère, l'opuscule en question ne connut qu'un succès relatif.

Au long des pages, les auteurs s'employaient à dénoncer ce qu'ils qualifiaient de « *colonat spécial des Chartreux* », reprenant point par point les « *soi-disant bienfaits* » de la congrégation « *bien que célèbre mais inexactement connue qui, à travers le voile d'une légende répandue habilement, a pris l'apparence d'une congrégation modeste, purement contemplative, perdue au milieu des Alpes, ayant découvert quelque jour, parmi les herbes de la montagne, un secret de liqueur dont elle poursuit la paisible fabrication, répandant la bienfaisance autour d'elle, étrangère du reste aux luttes politiques et religieuses* ».

« *Pure légende !* » poursuivaient les auteurs. « *Il n'est pas plus ancien, plus animé du vieil esprit de suprématie religieuse et d'autorité ecclésiastique, plus puissant, plus militant que les Chartreux (...) La congrégation des Chartreux a fourni le modèle et conserve les vestiges de la grande féodalité ecclésiastique.* » Même s'il est vrai qu'au cours des siècles écoulés les Chartreux ont pu jouer à certains moments un rôle seigneurial et, qu'en ce début de XXe siècle, on leur reprocha certaines pressions sur les employés de leurs industries, incitant entre autres ces derniers à scolariser leurs enfants dans les écoles catholiques, les propos étaient empreints d'une hargne qui transpirait derrière chaque page. La même rancœur qu'on retrouve dans le document sur lequel les détracteurs des religieux s'appuyaient alors pour contrer les propos flatteurs trop souvent développés pour évoquer les Chartreux : *Le Désert de la Grande-Chartreuse*, écrit par André Pascal en 1868 pour sa première version.

Une histoire générale assez complète, à l'intention des touristes du massif, écrite par celui qui était alors médecin du monastère de la Grande-Chartreuse. André Pascal avait pu consulter largement les archives de l'Ordre, ainsi que celles ayant été transférées, en 1792, à la bibliothèque de Grenoble. Il fut d'ailleurs aidé dans ses recherches par le bibliothécaire Dom Ildefonse Roguet. Le marquis de Vaulserre, ami des Chartreux, donna lui-même de nombreux documents sur les vieilles familles nobles de la région. Très vite épuisé, l'ouvrage fut réédité en 1873, avec toujours autant de succès auprès des touristes et des passionnés d'histoire de la Chartreuse. Pour le docteur Pascal, cet ouvrage se voulait un abrégé de la grande histoire générale et naturelle de la Chartreuse, sur laquelle il travailla plus de trente années durant.

Pourtant, à la fin du XIXe siècle, André Pascal publiait une version totalement remaniée de son ouvrage à succès, transformant les bienfaisances et la générosité des Chartreux en une sorte de despotisme très ancien. La raison de ce revers d'opinion : une succession de différends avec l'ordre qu'il avait jusque-là encensé. Trop contradictoire avec les précédentes, la nouvelle version de l'ouvrage fit douter du sérieux et de la sincérité de son auteur, même si, une nouvelle fois, l'ouvrage s'épuisa très vite. Et c'est cette version qui servit, en partie, d'argumentaire aux opposants des Chartreux en 1903, *la vérité selon Pascal* étant largement reprise dans le petit livre de la Ligue, un ouvrage qui n'hésitait pas à proposer une utilisation pour les prairies séparant le monastère de la Correrie : *« Ce merveilleux coteau de quarante hectares paraît destiné à recevoir des constructions, hôtelleries et villas, qui donneraient un nouvel essor au tourisme. »*

La controverse suscitée par son nouvel ouvrage, les critiques dont il fut l'objet amenèrent André Pascal, médecin dont la réputation avait pourtant dépassé les frontières, à se retirer de toute vie publique. Seules les promenades au milieu de « ses » montagnes de Chartreuse, qu'il aimait à qualifier de *« Liban des Alpes françaises »*, parvinrent à apporter un peu de paix à cet homme qui pour beaucoup avait oublié sa vraie vocation : la médecine, *« autrement plus utile puisqu'elle a pour but le soulagement et la guérison »*. André Pascal qui, sur son lit de mort, devait rétracter ses dires contre les Chartreux, ce dont la presse de l'époque se fit l'écho.

Le Grand Valentin

Claude Valentin, dit le Grand Valentin en raison de sa haute stature, resta l'une des figures les plus emblématiques de la révolte populaire contre l'expulsion des Chartreux.

Voici la description qu'on put lire de lui dans les *Annales Dauphinoises*, au moment des faits : « *Haut de presque deux mètres et large à faire peur, charpenté d'une ossature qui pourrait étayer un colosse de chair. Une petite tête dans le style des lutteurs romains, avec les traits forts de son visage où une bonté énorme transparaît. Et tout entier enfin, dans ses deux petits yeux de léonin sournois, sous une forêt de sourcils où pétille et vous étonne, en des apparences si brutales, une intelligence naturelle et de tout premier ordre. C'est lui, le nommé Claude Valentin, conseiller municipal du parti ouvrier de Saint-Laurent-du-Pont et délégué de toute la population laurentinoise*

Le Grand Valentin. (Cliché de l'abbé Frechet)

pour la plus énergique protestation contre les proscripteurs de la République jacobine et en faveur des proscrits de la Chartreuse. Valentin est orateur, sans le savoir, comme vous êtes savetier, député ou ministre ! » L'auteur de ces lignes, un dénommé Boyer d'Agen, a de toute évidence une plume d'un lyrisme apparaissant aujourd'hui bien désuet si l'on en juge par la suite de l'article : « *Sa femme à ses côtés pleure de ces larmes de désespoir, qu'à Saint-Laurent -du-Pont je vois inonder tant de paupières de pauvres gens, partout où mes yeux consternés se retournent.* »

Ouvrier menuisier, Claude Valentin possédait un atelier à Saint-Laurent-du-Pont et travaillait depuis trente ans pour les religieux du monastère dont il était l'ami. Conseiller municipal et ami de Jean-François Pichat, le député-maire du pays, le Grand Valentin était un bonhomme immense qui cachait sous un air bourru un cœur d'or qu'il mit entièrement au service des Chartreux. Il faisait partie de la délégation municipale qui, chaque année, se rendait au monastère depuis l'incendie qui détruisit Saint-Laurent-du-Pont en 1854, afin de remercier les Chartreux pour l'aide apportée à la reconstruction de la ville. Ne passant pas inaperçu dans la commune, chantre de la paroisse, il faisait, paraît-il, vibrer l'église de sa voix puissante.

Quelque temps après leur expulsion, les Chartreux appelèrent Claude Valentin auprès d'eux pour l'exécution de différents travaux à la Chartreuse de Farnetta. Il devait, entre autres, réparer les vitraux de l'église. Il fut absent deux années durant, acceptant le sacrifice de la séparation familiale pour « *la joie de servir ses bien-aimés religieux* ». Lorsque les Chartreux eurent la possibilité d'expédier à travers la France leur liqueur, fabriquée en Espagne sous le nom de tarragone, le Grand Valentin fut l'un de leurs premiers dépositaires. Il inscrivit, en larges lettres sur ses volets de bois : « *Valentin, dépositaire régional de la véritable chartreuse fabriquée par les pères Chartreux.* »

Doté d'une plume alerte et mordante, souvent chargée d'une caustique ironie, il écrivait dans *la République de l'Isère*, l'un des quotidiens de l'époque ayant pris parti pour les Chartreux, répondant aux articles paraissant dans *la Dépêche Dauphinoise*, journal aux idées plus anticléricales, que le Grand Valentin qualifiait souvent de « Dépêche des casseroles ». Lorsque Claude Valentin apprit la prochaine liquidation des biens des Chartreux, il rédigea une lettre satirique qu'il adressa, par journal interposé, au « Grand Colbert », symbolisant l'Etat que disait défendre Emile Combes lors de ses prises de position contre les Chartreux. Voici quelques extraits de cet extraordinaire courrier : « *Par suite de cessation de commerce de la maison ci-dessus (les Chartreux), une société liquidatrice s'est formée pour mettre en vente les marchandises de ladite maison dans toute l'étendue de la République française. Une quantité considérable d'objets sera mise en vente jeudi prochain (jour de marché) à des prix exceptionnels de bon marché. (...) Sachant combien vous vous intéressez à l'avenir de cette maison, j'ai pensé qu'il ne vous déplairait pas d'assister à la vente de ses dépouilles et vous ne manquerez pas de venir figurer, devant les banques, au premier rang des acquéreurs (...) Tous les objets vendus seront emballés dans du beau papier-fiche, de premier choix, ayant servi à la délation et trouvé en abondance au ministère de l'Intérieur dont vous êtes un pourvoyeur. La commune où sera étalée la marchandise est celle qu'on dénommait autrefois Saint-Laurent-du-Pont. Vous en avez depuis quelque temps retranché le saint (saint Bruno), nous croyons devoir supprimer aujourd'hui le Laurent. Et que reste-t-il me direz-vous ? Et bien il reste le pont ! Et s'il vous gêne adressez-vous à la meute Zévaës, elle le fera sauter et il ne restera plus rien. C'est avant de vous quitter le devoir qui vous in-Combes !* »

Il convient de préciser que Zévaës, de son vrai nom Alexandre Bourson, avocat à la cour d'appel de Paris, était un membre du parti socialiste, élu député de la circonscription en 1898 mais qui ne parvint jamais à obtenir l'adhésion et la sympathie de la population laurentinoise, celle-ci réservant son soutien à son maire, Jean-François Pichat. Ce dernier réussit, sous l'étiquette progressiste, à rafler le poste de député en 1902 à Zévaës, catalogué par les Laurentinois comme *« un adepte du collectivisme et du sectarisme »*.

C'est Claude Valentin qui prononça le discours de funérailles du Frère Leufroy, qui dirigeait l'école des sourds-muets accueillant une bonne soixantaine d'enfants et qui fonctionnait à Currière depuis 1875. Déjà très éprouvé par le refus d'autorisation de la Chambre des députés, Frère Leufroy décéda quelques jours plus tard lorsque le liquidateur se présenta à la porte de l'établissement géré par les Chartreux.

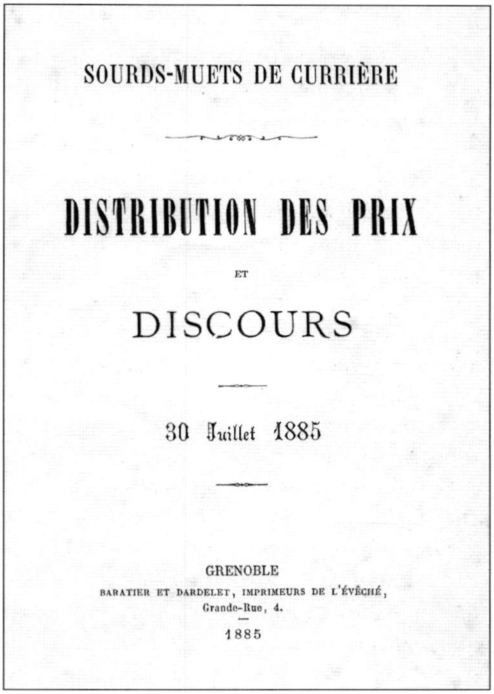
SOURDS-MUETS DE CURRIÈRE

DISTRIBUTION DES PRIX

ET

DISCOURS

30 Juillet 1885

GRENOBLE
BARATIER ET DARDELET, IMPRIMEURS DE L'ÉVÊCHÉ,
Grande-Rue, 4.
1885

Couverture d'une plaquette de Currière, établissement qui deviendra plus tard une colonie de vacances pour les enfants de la région grenobloise.

Une réplique célèbre aurait fait dire au médecin appelé en urgence : *« Les cons ! Vous l'avez tué ! »* Lors des obsèques, dont même les journaux se firent l'écho, le Grand Valentin souligna que le défunt était la *« première victime de la persécution »* et que malheureusement ce ne serait certainement pas la dernière, avant de conclure : *« Je ne veux, sur cette terre bénie que nous avons si souvent arrosée de nos larmes, laisser tomber de ma bouche le moindre mot de haine. Victime du devoir et des temps troublés que nous traversons, Frère Leufroy, je ne vous dis pas adieu mais au revoir là-haut ! »*

En 1917, Claude Valentin eut la douleur de perdre son fils Hyppolite à la guerre. Dom Paulin Rippert, ancien vicaire de la Grande-Chartreuse, dont il était l'ami, lui adressa une longue lettre de sympathie, dont voici un court extrait : *« Toute séparation est douloureuse, mais pensons à l'honneur qui nous échoit d'échanger un fils bien-aimé travaillant à relever la Patrie avec un ange de Dieu... »*

Le Grand Valentin n'eut jamais le bonheur de voir revenir « ses » Chartreux. Un dernier bonheur lui sera pourtant offert : au début des années vingt, il était mourant lorsqu'on vint lui annoncer la naissance d'André, son premier arrière-petit-fils. Deux grosses larmes coulèrent sur ses joues avant que ses yeux ne se ferment à jamais...

Dom Paulin Rippert lors de l'expulsion. (Cliché Grenoble Photo Hall)

SOUVENIRS D'UN ENFANT

Jules.

Jules Rey est né aux Provenches, à Saint-Laurent-du-Pont, en 1898, c'est-à-dire cinq ans avant l'expulsion des Chartreux, un événement qui constitue d'ailleurs l'un de ses premiers souvenirs d'enfance.

Malgré son jeune âge, Jules avait parfaitement perçu la gravité de l'événement et sentait bien que la journée du 29 avril 1903 allait marquer l'histoire de la Chartreuse : « *Je courais comme un lapin en ce temps-là. J'étais parti tout là-haut, à la Croix de Fourvoirie, au sommet de la colline dominant le défilé de l'entrée du désert pour voir arriver le long cortège des Chartreux descendant du monastère. Autour d'eux, une foule de personnes s'agitant et criant, les échos me parvenant aux oreilles. C'étaient les opposants à l'expulsion mais moi je ne compris pas : je croyais que c'étaient eux les méchants qui faisaient des misères aux Chartreux !* », expliqua souvent Jules.

L'enfant, trempé par la pluie qui inonda la foule ce jour-là, ne comprenait pas pourquoi on s'en prenait à ces moines dont la silhouette lui était si familière. Avec l'insouciance caractéristique de l'enfance, Jules rangea tout de même très vite au fond de sa mémoire cet événement qui ressurgissait de temps à autre au travers de discussions d'adultes. On en parlait relativement souvent dans la famille. Jean, le père, pour améliorer un quotidien un peu maigre apporté par la ferme et les deux vaches, travaillait aussi pour la distillerie des Chartreux à Fourvoirie.

S'opérant d'abord dans la pharmacie du monastère, la distillation fut transférée un peu avant 1865 à Fourvoirie, sur la rive gauche du Guiers, à l'emplacement de l'une des anciennes obédiences (exploitations agricoles) des Chartreux créée en 1385. Parallèlement au transfert de la distillerie, Voiron devint le lieu d'entrepôt de la production, l'exportation se faisant vers le monde entier. Plus tard c'est le VSB (Voiron-Saint-Béron), ligne de chemin de fer de la Compagnie PLM mise en place en 1894, qui assura la liaison entre Saint-Laurent-du-Pont et Voiron. L'expulsion des Chartreux, en 1903, eut un impact très important sur cette ligne de chemin de fer, le VSB commençant à connaître de très sérieuses difficultés sur sa section desservant le massif. Elle ferma définitivement en décembre 1938 après une catastrophe qui, elle aussi, marqua la Chartreuse : l'éboulement de Fourvoirie. Dans la nuit du 14 au 15 novembre 1935, une importante coulée de boue et de rochers bascula les bâtiments, en détruisant la plus grande partie, imposant le transfert de la distillerie à Voiron dès l'année suivante.

Quelques années après leur réinstallation à Tarragone, les moines demanderont à Jean Rey de leur envoyer les plantes nécessaires à la fabrication de leur liqueur. *« Mon père allait ramasser du millepertuis, de la vulnéraire et autres plantes de montagne. Dans le jardin, derrière la maison, papa faisait pousser aussi, pour eux, de la mélisse et de la menthe. »*

La distillerie de Fourvoirie avant et après l'éboulement.

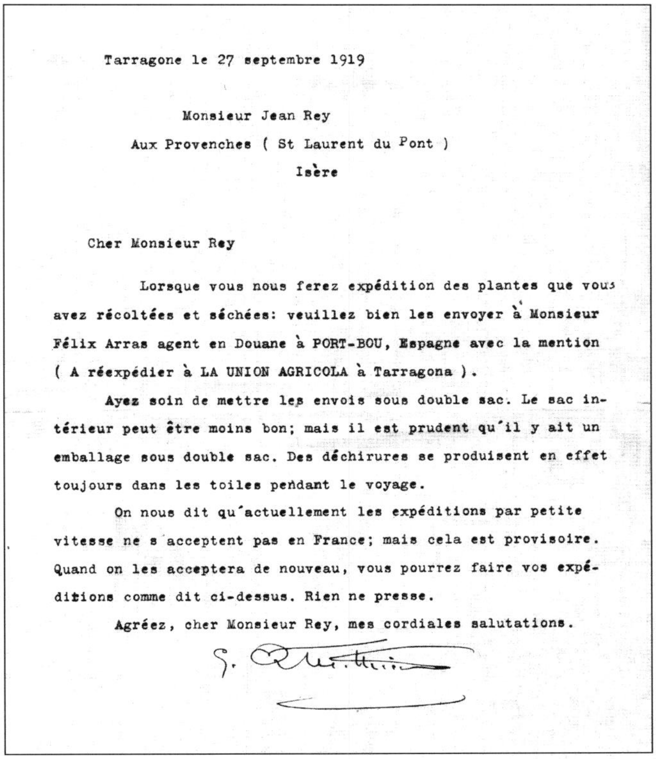

Tarragone le 27 septembre 1919

Monsieur Jean Rey
Aux Provenches (St Laurent du Pont)
Isère

Cher Monsieur Rey

Lorsque vous nous ferez expédition des plantes que vous avez récoltées et séchées: veuillez bien les envoyer à Monsieur Félix Arras agent en Douane à PORT-BOU, Espagne avec la mention (A réexpédier à LA UNION AGRICOLA à Tarragona).

Ayez soin de mettre les envois sous double sac. Le sac intérieur peut être moins bon; mais il est prudent qu'il y ait un emballage sous double sac. Des déchirures se produisent en effet toujours dans les toiles pendant le voyage.

On nous dit qu'actuellement les expéditions par petite vitesse ne s'acceptent pas en France; mais cela est provisoire. Quand on les acceptera de nouveau, vous pourrez faire vos expéditions comme dit ci-dessus. Rien ne presse.

Agréez, cher Monsieur Rey, mes cordiales salutations.

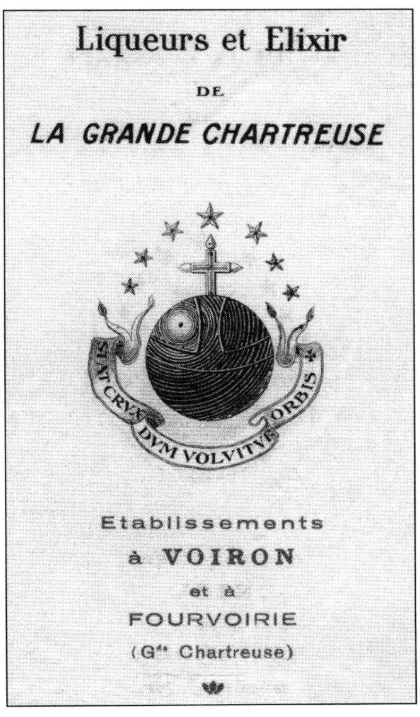

Le père de Jules envoyait aux Chartreux de gros ballots de ces plantes qui, aujourd'hui, poussent encore, mais à l'état sauvage, derrière la maison des Provenches. Les Chartreux étaient très exigeants sur la qualité de la toile contenant les plantes. « *Ayez soin de mettre les envois sous double sac, écrivaient-ils à Jean Rey. Le sac intérieur peut être moins bon mais il est prudent qu'il y ait ce double emballage. Des déchirures se produisent en effet toujours dans les toiles pendant le voyage.* » Alors Jean achetait ses toiles à Voiron, chez Richerd, spécialiste du tissage des grosses toiles de chanvre.

Avant même l'expulsion des pères Chartreux, la marque leur fut officiellement confisquée, le liquidateur se présentant à Fourvoirie dès le 7 avril 1903, accompagné de monsieur Meunier, liquoriste à Voiron, désigné pour expert, afin de retirer tous ses titres à l'abbé Rey, propriétaire des marques de fabrique de la chartreuse depuis 1897. Mais le secret de la liqueur fut emporté à

Tarragone où reprit la fabrication dès 1904. On tenta malgré tout de s'approprier la fabrication et la vente des célèbres liqueurs jaunes et vertes, à la bouteille caractéristique porteuse de l'emblème cartusien. Le 30 juin 1906, la marque fut attribuée par l'administration au Groupe Cusenier, pour un peu plus de cinq cent mille francs, alors qu'en 1897 elle avait été transmise pour près de dix fois plus et qu'en 1878 les Domaines l'avaient évalué à huit millions… *« L'affaire de la Chartreuse est une affaire énorme »* devait d'ailleurs dire Jean Jaurès, fondateur du parti socialiste et du journal *l'Humanité*, lorsque l'Etat s'appropria les biens des religieux et l'exploitation de leur liqueur après l'expulsion. Anticlérical, Jaurès l'était mais son rejet du sectarisme l'empêcha d'adhérer totalement aux positions trop anti-religieuses prises par certains de ses collègues. Pacifiste convaincu il déclara *« la guerre à la guerre »*, le payant même de sa vie puisqu'il fut assassiné, par un étudiant nationaliste du nom de Raoul Villain, le 31 juillet 1914. Trois jours plus tard la guerre était déclarée, ce qui fit dire qu'il en était la première victime.

Malgré cela, jamais le secret de la chartreuse ne fut percé, la composition n'étant jamais révélée. Une imitation fut mise sur le marché, par la Compagnie Fermière de la Grande-Chartreuse, sous une présentation identique à l'originale mais, pour l'anecdote, l'imprimeur chargé auparavant par les Chartreux de réaliser leurs étiquettes apporta une petite modification permettant de distinguer la copie : à la place de *« Lith. Allier. Grenoble »* était mentionné *« Imp. Lith. Grenoble »*. Une « histoire » contestée : l'imprimeur en question aurait toujours refusé de réaliser des étiquettes pour la commercialisation

L'abbé Rey. (Cliché Martinotto)

A Fourvoirie dans la salle des alambics.

de la liqueur contrefaite par l'Etat ; celui qui se chargea de la besogne aurait-il osé mentionner « Allier » sur les étiquettes, prenant le risque d'être poursuivi devant les tribunaux par le véritable Allier ?

Quant à la chartreuse authentique, l'appellation ayant été confisquée, elle prit le nom de tarragone vingt ans durant. Bien que présentée dans un flaconnage et sous un étiquetage différents, les consommateurs continuaient à préférer la vraie chartreuse, dont la production reprit en France en 1929, mais à Marseille, les religieux ayant pu racheter leur marque. De 1930 à 1941, les bouteilles de chartreuse portèrent un double étiquetage, *chartreuse* et *tarragone*, afin d'éviter toute confusion et rappeler que désormais il s'agissait de l'authentique !

Aujourd'hui encore, sur l'étiquette redevenue unique, apparaît une signature accompagnée de l'emblème des Chartreux : L. Garnier. Il s'agit de celle de Jean-François Garnier, en religion Dom Louis, premier propriétaire officiel de la marque qu'il avait déposée au milieu du XIXe siècle auprès du tribunal de commerce de Grenoble. En 1871, son grand âge ne lui permettant plus de continuer *« de manière utile, la surveillance de la fabrication des liqueurs et autres produits de la Grande-Chartreuse »*, Louis Garnier transmit ses droits à Gabriel-Alfred Grézier, Dom Marcel-Marie en religion, le procureur de la Grande-Chartreuse. Dans cet acte, signé devant maître Sourd, notaire à Saint-Pierre-de-Chartreuse, le vendeur précise encore : *« Considérant que si ma signature apposée sur lesdites étiquettes peut avoir acquis une certaine importance industrielle, en raison des garanties qu'elle présente au commerce, elle n'a toutefois de valeur que comme accessoire des étiquettes dont elle fait partie intégrante et comme attestant la sincérité du lieu de fabrication, j'autorise ledit Frère Grézier à continuer l'usage de mon nom. »*

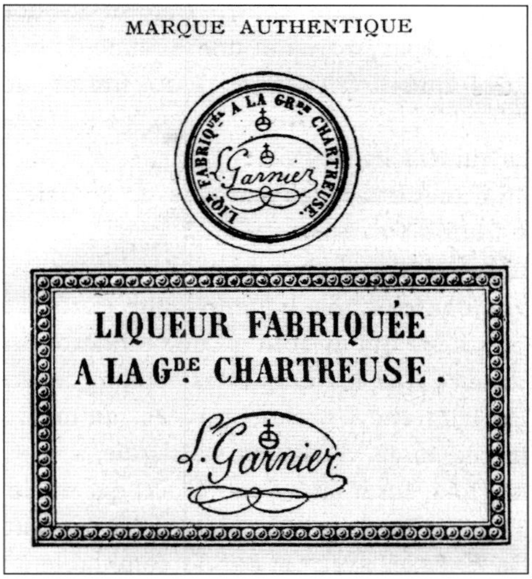

Deux des étiquettes de la chartreuse utilisées autrefois (d'après le recueil de la jurisprudence relative à la marque de 1890).

En novembre 1897, lorsque Célestin-Marius Rey, prêtre à la Grande-Chartreuse, devint le nouveau propriétaire de la marque qui fut « dérobée » en 1903, il acquit aussi « *le droit exclusif à l'usage industriel et commercial du nom de L. Garnier* ». La vente fut consentie moyennant la somme de 4 449 000 francs et 45 centimes. Parmi les acquisitions mobilières que fit l'abbé Rey en reprenant la marque, on trouve « *deux chaudières génératrices, une machine à vapeur de la force de six chevaux, deux autres de la force de deux chevaux, et une de la force de trois chevaux, neuf alambics, des pompes à élever le liquide contenu dans les caves* », d'innombrables *foudres*, ces énormes tonneaux contenant des centaines d'hectolitres du précieux alcool, dix-sept petits wagonnets « *pour le transport des marchandises de Fourvoirie à Voiron et vice-versa, et seize cents mètres de rail pour l'embranchement du chemin de fer de Voiron à Saint-Béron, allant de la gare de Fourvoirie-Sécherie, à l'intérieur de la fabrique* »...

Les foudres, recensés dans l'inventaire, étaient sans doute une fabrication de Lucien-Onézime Bezançon, tonnelier au Cottergt, l'un des hameaux de Saint-Laurent-du-Pont. Pour la fabrication destinée aux Chartreux, Lucien devait répondre à certains critères d'exigence très rigoureux : à savoir n'utiliser que du chêne de Hongrie. Lorsque le bois lui était livré un frère chartreux venait en vérifier la qualité, n'hésitant pas à rejeter toute pièce lui paraissant imparfaite. C'est ainsi qu'une année Lucien réalisa, dans une pièce refusée, une superbe armoire que ses descendants ont toujours conservée !

Un demi-siècle avant l'expulsion, en 1848, les officiers de l'armée des Alpes, venus dans le massif de la Chartreuse et ayant goûté à la liqueur de chartreuse, dite « Reine des liqueurs », avaient contribué au succès mondial de la chartreuse, « *liqueur souveraine dans les apoplexies, les défaillances et en général dans tous les cas qui exigent de prompts secours pour rappeler la force et la vie* » en emportant de nombreux flacons de ce breuvage, portant très loin la renommée d'un massif et d'un ordre religieux. Une renommée qu'on tenta de multiples fois de s'approprier, d'innombrables copies de la marque tentant régulièrement une percée à travers le monde. C'est en tout cas ce que confirme cet acte notarié de 1897 par lequel le procureur de la Grande-Chartreuse lançait des démarches pour « *rechercher et poursuivre, tant en France qu'à l'étranger, et notamment au Brésil, toute usurpation, contrefaçon ou imitation frauduleuse du nom ou des marques* ».

Lucien-Onézime Bezançon, tonnelier des Chartreux.

LES ALAMBICS D'ALPHONSE

Au début des années vingt, les Chartreux parvinrent à reprendre en France l'activité distillerie mais, n'ayant pas encore obtenu l'autorisation de réintégrer leur monastère, c'est donc à Marseille qu'ils redémarrèrent la production de leur liqueur qui continua à porter le nom de tarragone, l'appellation de chartreuse n'étant récupérée par les religieux qu'en 1929. C'est à ce moment-là que fut prise la décision de « rentrer » à Fourvoirie.

Auparavant, c'est à Marseille que s'effectuait, pour la France, la distribution des produits des Chartreux fabriqués à Tarragone. C'est un dénommé Brézun, originaire de Pont-Saint-Esprit, qui assuma les fonctions de distributeur au niveau national, jusqu'à ce que la Compagnie française de la Grande-Chartreuse puisse revenir en région Rhône-Alpes. Un homme que le révérend père Dom Bruniaux, lorsqu'il était prieur de la Chartreuse de Valbonne, dans le Gard, avait connu et estimé.

Alphonse Allaman fut un acteur très important du retour de cette importante activité économique dans le massif de la Chartreuse. Né en février 1904, à Fréjus, ce maître-chaudronnier, issu de la Marine, s'était formé au métier en effectuant son apprentissage au sein de l'entreprise marseillaise Tranchand, travaillant pour le compte de la distillerie des Chartreux, dans le secteur de Castellane. Alphonse fut tout de suite remarqué par les Chartreux, pour ses qualités professionnelles, ces deniers demandant à son employeur de leur « *laisser Allaman* ». C'est ainsi que le jeune homme devint chef de travaux des Chartreux, qui avaient tellement confiance en lui et l'estimaient tant qu'ils lui payèrent son voyage de noces en 1926 (tout naturellement à Tarragone !) et que Madeleine, l'épouse d'Alphonse, eut un temps la garde des vêtements sacerdotaux des religieux. Plus tard, Alphonse devint le bras droit du Frère Patrice O'Connell, chef de

Alphonse Allaman et Eugène Durieux dans leur atelier de la Touvière. (Collection Allaman)

fabrication de la liqueur, ayant participé à la première guerre mondiale en tant que pilote.

En 1931, Alphonse fut chargé de la remise en service de la distillerie de Fourvoirie, ce qui signifiait, entre autres, déménager les installations marseillaises pour les transporter en Chartreuse. En mai 1930, les Chartreux écrivent à un de leurs amis de Saint-Laurent-du-Pont : « *Nous avons à notre service un ouvrier émérite, ajusteur-chaudronnier-électricien-chauffeur pour chaudières, qui consent à venir habiter définitivement Saint-Laurent-du-Pont et à s'occuper dès le mois de juillet de l'aménagement de Fourvoirie. Pensez-vous qu'il soit*

Départ d'un alambic pour Fourvoirie. (Collection Allaman)

facile de lui trouver un logement ? (...) Notre ouvrier aura besoin d'un aide, simple manœuvre intelligent. Peut-être le concierge actuel de Fourvoirie ferait-il l'affaire ? » L'ami en question trouvera le logement recherché, quant au concierge « *très débrouillard, il fera parfaitement l'affaire* ». Les bâtiments de Fourvoirie, qui servirent un temps de lieu d'hébergement pour des réfugiés russes travaillant à l'usine Paturle, étaient dans un tel état qu'il fut nécessaire d'effectuer d'importants travaux de consolidation. En 1932 tout était achevé, Alphonse s'implantant à part entière à Saint-Laurent-du-Pont. C'est sur la rive droite du Guiers, dans cette même commune, au lieu-dit la Touvière, qu'il monta l'atelier où fabriquer les gros alambics nécessaires à la distillerie de Fourvoirie. Mais, salarié des Chartreux, Alphonse ne pouvait fabriquer sous son nom les indispensables accessoires. La fabrication se fit donc sous le nom de Durieux, patronyme d'Eugène, le beau-frère d'Alphonse, connu du temps où tous les deux travaillaient chez Tranchand, à Marseille, unis d'abord par l'amitié avant que ce ne soient par des liens familiaux, puisqu'ils avaient épousé deux sœurs.

C'est à la main, sur une forge chauffée au coke, que se fabriquaient les alambics, dans un beau cuivre épais de cinq millimètres, ce qui leur permit d'ailleurs de résister quelques années plus tard à l'éboulement de Fourvoirie. « *Le cuivre on ne doit pas le repousser mais le retreindre* », c'est-à-dire le modeler au marteau avec une infinie minutie, aimait à répéter Alphonse, lorsqu'il façonnait les alambics dont le sommet se terminait en col de cygne. Le façonnage est un travail de longue haleine, la courbure du cuivre par martelage demandant plusieurs semaines.

Fourvoirie ne fonctionna finalement que bien peu de temps puisque, dans la nuit du 14 au 15 novembre 1935, un énorme glissement de terrain fit basculer les bâtiments. Alphonse fit partie des deux ou trois personnes qui, n'écoutant que leur courage, rampèrent sous les décombres pour brancher des tuyaux permettant de récupérer le maximum du précieux alcool. Et, contrairement à ce qu'affirmèrent certains journaux de l'époque, qui n'hésitèrent pas à écrire que l'eau du Guiers, torrent tout proche, avait le goût de la chartreuse, bien peu d'alcool fut perdu. Une partie des immenses foudres fut entreposée à Coublevie, sous le préau du château d'Orgeoise, jusqu'au début des années cinquante, lors des travaux d'agrandissement des caves de la Chartreuse.

Alphonse Allaman (à gauche) dans les ruines de la distillerie. (Collection Allaman)

L'évacuation des tonneaux d'alcool après l'éboulement de Fourvoirie. (Collection Allaman)

C'est à Voiron, où se trouvaient déjà les entrepôts d'expédition desservis par une ligne de voie ferrée spéciale du PLM, que l'entreprise Reydel fut chargée de construire de nouvelles infrastructures pour y installer une distillerie qu'on pensait provisoire, le projet des Chartreux étant de rebâtir Fourvoirie. La seconde guerre mondiale en décida autrement, le projet étant abandonné et Voiron devenant la seule ville de fabrication. Aujourd'hui encore, les innombrables visiteurs des célèbres caves peuvent admirer, du côté nord-ouest de la distillerie de Voiron, cinq alambics portant l'inscription Durieux, façonnés il y a bien longtemps par Alphonse Allaman. Alphonse est décédé accidentellement en 1949, si peu de temps après avoir fondé sa propre entreprise : il avait attendu que la France soit libérée de l'envahisseur allemand pour créer cette entreprise de chaudronnerie aujourd'hui fleuron de l'industrie voironnaise. Alphonse Allaman dont une rue de Voiron porte justement le nom. Quant aux descendants du maître-chaudronnier, ils savent que les ruines de Fourvoirie contiennent un témoignage du passé appartenant à leur histoire familiale : le caban marin et le vélo d'Alphonse, enfouis sous les décombres !

LE RÉCIT DE VICTOR

L'expulsion des Chartreux ne subsiste dans les souvenirs de plus aucun témoin encore vivant à ce jour, mais cet épisode de l'histoire a tellement imprégné le massif de la Grande-Chartreuse que beaucoup en connaissent les moindres détails par les récits que leur firent des parents ou des proches.

Né en 1905, Victor Perruquat était au nombre de ceux-ci et, même au soir de sa vie, en 1995, il aimait encore à raconter : « *Mes parents se sont mariés en 1903, l'année de l'expulsion et il paraît que pendant leur repas de noces on n'a parlé que de ça ! Il y avait tant de manifestations à travers le pays ! Tout le monde protestait contre le départ des Chartreux. La troupe empêchait bien les gens de Saint-Pierre-de-Chartreuse de descendre vers le monastère en bloquant le pont des Portes (porte du Grand Logis)... Qu'à cela ne tienne ! Certains passaient par le col des Bachets et redescendaient sur le couvent. Un type a été plus malin que tous : il s'est entouré la tête d'un grand mouchoir et est passé au milieu de la troupe en disant qu'il allait se faire arracher une dent à Saint-Laurent-du-Pont ! La rage de dent apparaissait à tous si terrible que même les soldats se sont écartés pour lui permettre d'aller chercher les soins libérateurs ! Parmi les responsables de l'expulsion il y avait un dénommé "Mouton" à qui les gens criaient "A bas Mouton !" Une femme lui tapait même sur la tête avec une canne qu'elle avait empruntée au père Chatel.* »

L'homme dont parlait Victor avait pour réel patronyme Mouthon, mais la compréhension strictement phonétique de son nom faisait dire de lui : « *Ce mouton-là il faut s'en méfier, il n'est point bon pour la nourriture !* » La foule adressa également mille invectives (« *Vendu ! Lâche ! Traître ! Renégat !* ») au rédacteur du journal *le Matin*, ancien directeur de *la France-Libre*, qui fut bien vite transformé en bouc émissaire, son seul tort

Le pont et la porte du Grand Logis (les bâtiments de droite n'existent plus).

étant sans doute d'être là : son arrivée, au moment même où l'entrée du monastère était forcée, servit de défouloir à la colère des manifestants.

Quant au père Chatel, il était le doyen des manifestants : à 94 ans il était venu de Saint-Pierre-d'Entremont, sa canne dans une main, son parapluie dans l'autre, afin de s'opposer au départ de « ses » Chartreux qu'il avait déjà vu revenir en 1816 après leur expulsion à la Révolution. Haut comme trois pommes à cette époque-là, il était venu avec son père acclamer les religieux précédés de Dom Moissonnier.

« Le retour des Chartreux en 1940 se fera plus en douceur. Il faut dire que c'était pendant la guerre à une période où ça allait plutôt mal pour nous les Français puisque les Allemands étaient à Saint-Laurent-du-Pont. Un jour de juin, à la fin du mois, la nouvelle circula à travers le pays : "Les Chartreux sont revenus ! Les Chartreux sont revenus !" La veille, certains disaient avoir vu passer une silhouette blanche devant leurs fenêtres, une dame du Revol, à Saint-Laurent-du-Pont, affirmant même avoir vu passer un Chartreux à vélo, arrivant des Echelles pour remonter au monastère. »

Devant le monastère.

Le père Chatel. (Cliché les Alpes Pittoresques)

On sait aussi qu'Auguste Villard, alors maire de Saint-Pierre-de-Chartreuse et conseiller général, avait rencontré le préfet, le lendemain de la réinstallation des Chartreux dans leur couvent, alors que les Allemands assiégeaient le Dauphiné. Avant même son entrée dans le bureau, Villard fut interpellé par le préfet : *« Et bien Villard, c'est du beau ! »* Pensant que le préfet parlait de l'envahisseur allemand, Auguste Villard, qu'on surnomma « le préfet de Chartreuse » tant il apporta au massif, répondit : *« Oui, monsieur le préfet, nous allons avoir à passer une période difficile, les Allemands sont à notre porte. »* Le préfet, apparemment peu favorable aux religieux, riposta aussitôt : *« Ce n'est pas de cela dont je veux parler mais du retour des Chartreux ! »*

Auguste Villard (à gauche) lors de l'inauguration de l'école Saint-Hugues-de-Chartreuse, en présence de monsieur Berthoin, ministre de l'Education. (Cliché Dauphiné Libéré)

A Saint-Pierre-de-Chartreuse on fut très heureux de retrouver ces religieux que de lointains ancêtres chartroussins avaient su accueillir avec chaleur huit siècles plus tôt. *« Ma grand-mère me racontait souvent qu'à l'arrivée de Bruno et de ses compagnons les gens du pays leur avaient offert le gîte et le couvert le temps que s'édifie leur premier monastère… »*

La légende orale du massif rapporte qu'avant leur installation au cœur du Désert de Chartreuse, les moines trouvèrent refuge dans l'un des hameaux de Saint-Pierre-de-Chartreuse, à Flin, village devenu depuis Saint-Hugues-de-Chartreuse, une famille du nom de Brun offrant l'hospitalité aux ermites. D'après une autre légende, ce sont des habitants de la Ruchère, du nom de Mollard et de Savignon, qui portèrent du pain à Bruno et à ses disciples à leur arrivée dans le massif en 1084. Et ce serait d'ailleurs par reconnaissance envers ceux qui les premiers aidèrent les Chartreux, qu'en 1940, lors du retour des religieux, les écoliers de la Ruchère furent conviés au monastère pour recevoir, de Dom Laurent, une bénédiction dans la cour d'honneur. Devenu sous-procureur le 6 août 1940, Dom Laurent était chargé des relations avec l'extérieur avant de devenir le scribe du révérend père. Il décéda le 28 août 1964 en laissant dans le souvenir des enfants de la Ruchère un impérissable souvenir !

Bénédiction des enfants de la Ruchère par Dom Laurent.

UN VILLAGE SE MOBILISE

Natif de la Ruchère, en 1912, et curé d'Entre-Deux-Guiers près de cinquante années durant, le Père Mollard avait, lui aussi, des souvenirs concernant cette période qui, selon lui, a profondément marqué ce pays où *« on s'est tellement lié à l'aventure des Chartreux dans le massif que leur histoire est un peu la nôtre »*.

A son arrivée dans la paroisse d'Entre-Deux-Guiers en 1944, le Père Mollard découvrit ainsi cette plaque, alors apposée contre un mur, portant l'inscription suivante : *« La porte de cette église a été défoncée, au nom de la liberté, en 1903. »* Une manière presque ironique de dire aussi *« Liberté, que de crimes on commet en ton nom... »* Une ironie qu'avait déjà su exprimer le grand-père maternel d'Henri Mollard, notre futur curé de Chartreuse, un ancêtre très pieux, ne manquant jamais l'un des offices quotidiens, se rendant été comme hiver dans cette église, sans électricité ni chauffage, où le prêtre s'éclairait à la bougie. Cette église avait été construite en 1861 à la Ruchère, sur un terrain donné par l'un des arrière-grands-pères d'Henri Mollard. Un jour où le grand-père d'Henri était occupé à arranger un chemin, avec sa pelle et sa pioche, il fut accosté par un cultivateur aux idées très anticléricales, qui se mit à l'inonder de propos contre la religion et les Chartreux. Après avoir écouté « religieusement », appuyé sur le manche de sa pelle, le vieil homme rétorqua à son interlocuteur : *« Et bien c'est étrange, lorsque vous parlez, j'ai vraiment l'impression que vous avez raison mais, dès que vous vous taisez j'ai l'impression que c'est moi ! »* Et le grand-père de reprendre son travail après avoir finalement signifié à l'homme : *« Gardez vos convictions, je garde les miennes. »*

La Ruchère sut se mobiliser avec ardeur contre l'expulsion des Chartreux et les exactions commises dans les églises en vertu de la loi de séparation des Eglises et de l'Etat. « *Lorsqu'il fut question de s'emparer des églises et des cures de toutes les paroisses du canton, une compagnie est venue de Grenoble. Tout au long de la route du Frou les hommes se sont relayés pour monter la garde. Dès qu'ils ont aperçu au loin le premier soldat, dans le dernier virage débouchant de Berland, ils ont sonné du clairon pour avertir la population qui, aussitôt, s'est mise à entraver la route avec des troncs et des branchages. Il fallut plus de trois heures aux "envahisseurs" pour dégager la route et effectuer les quatre derniers kilomètres. Peu avant leur arrivée à l'église de la Ruchère ils furent aspergés d'eau et de cendres, trouvant la population massivement rassemblée devant la porte d'une église, bien déterminée à en défendre l'entrée. Ce fut non sans mal que les soldats à cheval parvinrent à faire reculer les résistants et, lorsque l'accès à la porte fut enfin dégagé, ce fut pour la découvrir protégée et scellée de multiples barres et planches de bois clouées. N'ayant pas d'outils ils en exigèrent de la population qui, bien sûr, n'obtempéra pas aux ordres !* »

Après le départ des Chartreux en 1903, l'abbé Pellet, curé de la Ruchère, et le grand-père d'Henri partirent de nuit vers le monastère, accompagnés d'habitants du village, afin de tenter de récupérer ce qui pouvait l'être. Ils réussirent à ramener des bancs, sur des chars à foin tirés par des chevaux ; bancs qui resteront toujours dans l'église de la Ruchère, les Chartreux les offrant aux habitants de ce village après leur retour. Parmi les objets sauvés, une enclume et un vieux tour dont les moines se servaient pour fabriquer les boîtes contenant les flacons de leur célèbre élixir, ainsi qu'une grande échelle dont se servit un charpentier pour la réalisation du toit de la mairie d'Entre-Deux-Guiers. « *Une très grande échelle dont il n'existait pas d'équivalent dans le pays* » avait raconté le Père Mollard. Longtemps elle servit aux habitants de la Ruchère, où tout le monde était un peu transporteur de bois, pour charger les voyages de grumes. « *Ils l'avaient équipée, en son sommet, de deux montants et d'une poulie qu'actionnait un câble.* »

Autre « trésor » ramené du monastère : les bras d'un christ, ceux de la statue se trouvant sur le calvaire dominant le couvent de la Grande-Chartreuse, comme l'expliquait le récit du Père Mollard : « *Après l'expulsion des Chartreux, les anticléricaux s'en sont aussitôt donné à cœur joie en saccageant les objets du culte ou religieux. Une nuit, ils se sont rendus au calvaire pour briser la croix mais celle-ci leur a résisté. C'est alors qu'ils ont scié les bras du christ qui y était cloué avant de le jeter au sol. C'est l'abbé Pellet qui a découvert les dégâts. Avec deux autres personnes, dont le directeur de la papeterie d'Entre-Deux-Guiers, ils sont allés chercher sur un chariot tiré par des bœufs la statue de bronze brisée et l'ont cachée dans le grenier de l'école libre. Où elle a été oubliée puisqu'elle ne fut retrouvée qu'en 1921, à la mutation du curé Pellet à Entre-Deux-Guiers. Le Christ ne retrouvera sa place qu'après le retour des Chartreux en 1940, ces derniers le faisant fondre et refaçonner avant de lui rendre sa place sur sa croix veillant depuis sur le monastère.* »

Le calvaire.

La révolte de l'abbé

Né en septembre 1878 à Saint-Laurent-du-Pont, sur les hauteurs de Villette, François-Louis-Zozime Boursier était le second d'une famille de dix enfants. Dès sa prime jeunesse il émit le vœu d'être prêtre mais son père, Zozime Boursier, qui devait faire face à beaucoup de difficultés pour nourrir sa nombreuse famille, souhaitait le garder près de lui, à la ferme familiale. Encouragé par Sophie, sa maman, femme très pieuse, François reçut finalement l'accord de son père pour entrer au petit séminaire de la Côte-Saint-André puis au grand séminaire de Grenoble où son ordination eut lieu en mai 1904. C'est à Villette qu'il célébra sa première messe le 30 du même mois.

L'année précédente un fait important l'avait profondément marqué : l'expulsion des Chartreux. Il avait été choqué, entre autres, par d'autres « expulsions », conséquences de celle des moines, telle celle des religieuses qui géraient l'hôpital de Saint-Laurent-du-Pont. *« Ils parlent d'égalité et ils procèdent à la spoliation, à la dispersion des religieux et religieuses dont le crime est de pratiquer la vertu et le dévouement. Ils privent le pauvre, l'ouvrier des secours que lui apporterait la religieuse de son village si elle n'en avait été chassée… »*

Doté d'un caractère volontaire, énergique, se donnant à fond aux causes qu'il estimait justes, l'abbé Boursier n'eut de cesse d'œuvrer au retour des moines dont le départ avait infligé *« une blessure au cœur du massif »*. C'est une véritable dévotion que vouait François Boursier aux Chartreux et, ce, dès sa prime jeunesse. Il allait chaque soir prier dans la petite chapelle, proche de la ferme familiale, érigée à l'endroit même choisi comme lieu de prière, près d'un siècle auparavant, par Dom Ephrem Coutarel, un

L'abbé Boursier.

Chartreux pourchassé par la tourmente révolutionnaire. La chapelle reçut l'appellation de Notre-Dame-du-Rocher et, chaque année pour la Sainte-Madeleine, les paroissiens y montaient en pèlerinage.

Comme beaucoup d'habitants du massif, l'abbé Boursier accueillit très mal les mesures antireligieuses de ce début de XXe siècle, le souvenir des Chartreux restant pour lui omniprésent et leur retour le combat de sa vie. Toutes les occasions lui paraissaient bonnes pour militer en ce sens, sa plume se mettant souvent au service de cette cause : *« Le souvenir des Chartreux est encore trop cuisant dans le cœur de ceux qui les ont aimés. Les Pères Chartreux avaient tellement donné et prodigué qu'ils bénéficiaient de l'opinion publique (...) Les retraites qu'ils assuraient à leurs serviteurs les faisaient considérer comme les meilleurs des patrons, traitant très pratiquement la question ouvrière. La population est restée très attachée aux Pères Chartreux, parce qu'elle est très religieuse et c'est surtout par intérêt que la population du canton de Saint-Laurent-du-Pont le reste. Sans considérer les largesses même des religieux, le couvent pendant la belle saison attirait énormément d'étrangers, de toutes nations, qui laissaient leur argent en compensation des beaux spectacles dont ils étaient témoins car, avouons-le, le site des montagnes de la Grande-Chartreuse est unique. »*

Tout était bon pour rendre hommage aux Chartreux, même la mise en scène ! Passionné de cinéma, de théâtre et de concert, qu'il pensait être des moyens modernes et efficaces, complémentaires des offices et des réunions, l'abbé Boursier dut vaincre les réticences de monseigneur Caillot sur cette pastorale bien informelle ! *« J'ai demandé aux catholiques d'encourager le cinéma qui, comme le journal, est devenu un puissant moyen de faire le bien. Si nous avons nos bons journaux, il faut que nous ayons notre bon cinéma. »* Et il est vrai que c'est à cette période que les troupes théâtrales naquirent, par le biais des patronages, attirant vers l'Eglise filles et garçons, tout en popularisant la vie des saints.

En 1931, pour l'inauguration de l'église Sainte-Thérèse-de-Villeurbanne, dont l'abbé Boursier était le curé fondateur, la troupe théâtrale, dirigée par ce dernier, interpréta une pièce intitulée *Les Chartreux*. Monseigneur Caillot assistait à cette représentation, l'évêque ayant reçu des explications du Père Boursier sur le choix de cette pièce : « *Nous avons cru répondre, monseigneur, au désir de votre cœur paternel qui, en l'absence des Chartreux, se trouve privé des âmes les plus priantes que la Providence lui ait confiées. Nous espérons ainsi atteindre un double but, faire connaître davantage les Chartreux en les faisant admirer et aimer et enfin travailler un peu à leur retour.* »

Jouée quelque temps plus tard à Grenoble, cette pièce lyrique en six tableaux, sur un livret du Père Marie Xavier, une musique de Caras-Latour et des décors de l'abbé Gadriot, racontait l'histoire des Chartreux, depuis la fondation de l'ordre jusqu'à leur expulsion, le sixième tableau se voulant une reconstitution historique fidèle de la journée du 29 avril 1903. La phrase commentant cet événement dans le livret donne le ton : « *Le lyrisme cédant la place ici au pathétique, l'orchestre se tait consterné. Mais, quand s'achève la grande iniquité, lorsque Dom Michel Baglin et ses religieux se voient obligés de sortir de leur chartreuse, encadrés de soldats et de gendarmes, l'orchestre s'émeut, attaquant sur un rythme de marche douloureux une longue plainte qui s'enchaîne avec le chœur final.* » La dernière scène, en forme d'épilogue, montre le retour des Chartreux dans leur monastère, le rideau tombant sur « *cette radieuse vision d'un avenir prochain* ».

Il fallut attendre neuf ans pour que soit réellement offerte la « *radieuse vision* ». Mais juin 1940 marqua profondément l'abbé Boursier car si ce mois vit le retour des Chartreux dans leur monastère, conclusion heureuse du long combat mené par l'abbé, ce fut aussi celui qu'il considérait comme un désastre militaire : François Boursier n'admit ni l'Armistice, ni la présence de Pétain à la tête de l'Etat. Avec son ami l'abbé Cottin, originaire de Miribel-les-Echelles, commune voisine de sa ville natale, l'abbé Boursier prit position avec tant de fougue qu'en novembre 1940 monseigneur Caillot se vit contraint de réprimander les deux prêtres qui

Dessin illustrant le programme de la pièce, en hommage aux Chartreux expulsés. (Collection Noël Boursier)

faisaient l'objet de dénonciations au gouvernement de Vichy. Mais, pour l'abbé Boursier, le combat de la Résistance ne se distinguait pas du combat chrétien, ce dernier n'hésitant pas à cacher des armes sous l'autel ou dans les grandes orgues de son église et à transformer l'une des salles paroissiales en imprimerie clandestine !

Le 16 juin 1944 les miliciens firent irruption dans l'église où le prêtre disait sa messe. Conduit à Montluc, torturé et martyrisé, l'abbé Boursier fut au nombre des cent-vingt personnes qui, le 20 août 1944, furent conduites au fort désaffecté de Côte Lorette pour y être exécutées par groupe de cinq ou six. La fusillade dura trois quarts d'heure, les corps étant ensuite arrosés d'essence et brûlés. Dans l'hommage qu'il lui rendit, le cardinal Gerlier déclara : « *Il était ardent d'une ardeur qui ne connaissait pas de difficultés (...) Il n'a douté d'une cause juste.* » L'abbé Boursier n'avait jamais douté que les Chartreux retrouveraient leur monastère et son plus grand bonheur était d'avoir pu vivre ce moment-là, après avoir crié sa révolte des décennies durant !

A l'intérieur du monastère avant le retour des Chartreux.

Un Chartreux parmi tant d'autres

Parmi les Chartreux expulsés en 1903, Léon Guérin, personnage fameux que ses neveux et petits-neveux surnommèrent « l'oncle Abbé ». C'est grâce à l'un d'entre eux, Louis Vadot, que nous pouvons connaître la vie de Dom Léon.

Lorsque Léon Guérin vint au monde, en 1837 à Besançon, l'enfant était si malingre que sa grand-mère, en Franc-Comtoise réaliste, dit devant le berceau : *« ce n'est qu'un oiseau pour le chat... »*, signifiant par là même sa faible croyance dans la survie du nouveau-né. Pourtant, le bébé chétif se transforma en garçon vigoureux, puis en élève studieux... mais aussi grand amateur de pêche, de braconnage et d'escalades en tous genres !

En 1856, Léon annonça à sa famille son intention d'entrer au grand séminaire, renonçant à la voie de la magistrature dont son père avait rêvé pour lui. En 1859, Léon souhaitait partir pour les missions étrangères mais l'insistance de son père, ainsi que celle du cardinal Mathieu, archevêque de Besançon qui lui confia la charge de professeur au collège catholique de la ville, pouvaient laisser espérer que *« les tempêtes de la jeunesse étaient enfin apaisées »*.

Il n'en était rien, Léon s'enfuyant, dans la nuit du 29 au 30 septembre 1863, sans prévenir qui que ce soit, afin de rejoindre à Paris le séminaire des missions étrangères. Quelques mois plus tard le Père Guérin partit en Chine pour une mission à Kouïa-Tchao, à douze kilomètres de Canton et, très vite, grâce à l'enseignement d'un vieux médecin, il apprit le chinois. En juin 1867, Léon fut rappelé en France afin de représenter l'ensemble des missions de Canton, de Seu-Tchouan, du Yunnan et du Tibet.

Si l'on précise que Léon n'était âgé que de trente ans, on a une idée de l'estime que suscitaient déjà ses jugements !

En 1870, année terrible, arriva la guerre avec la Prusse et le siège de Paris. Léon s'y trouva mêlé car, durant la Commune, il resta avec deux autres prêtres pour garder le séminaire du Bac où il revêtit par prudence des vêtements civils. Au mois de mai, Léon Guérin se retrouva prisonnier à la Roquette parmi de nombreux autres religieux, dont monseigneur Darboy, archevêque de Paris qui fut exécuté quelques jours plus tard. Léon était certain que bientôt viendrait son tour mais il faut croire que la providence divine veillait car, profitant d'une révolte des prisonniers de droit commun et de l'affolement des gardiens, il réussit à s'échapper. Après des aventures rocambolesques, il parvint à regagner le séminaire, sain et sauf, à la fin du mois de mai.

Bien des années plus tard, à la demande du père prieur de la Valsainte, le Père Guérin rédigea le compte rendu détaillé des événements qu'il avait vécus à la Roquette. Un compte rendu très précis, à un détail prêt : Léon omit en effet de préciser que, lors de ces heures dramatiques, il avait offert de prendre la place d'un prisonnier voisin, père de famille, devant le peloton d'exécution. Cette générosité secrète parvint tout de même aux oreilles de Jules Simon, ministre des cultes qui, renseigné aussi sur la haute valeur de cet homme, songea très sérieusement à lui pour l'archevêché de Paris. Mais Léon était appelé à une autre destinée…

La paix revenue, Léon reprit les fonctions pour lesquelles il avait été rappelé en Chine mais, le 4 juillet 1880, il écrivit à sa famille : « *Je viens de franchir le seuil de la Grande-Chartreuse, une vocation irréversible m'y poussait depuis plusieurs années. Ne m'accusez pas d'un coup de tête, tout a été examiné, pesé, calculé.* » La cérémonie de profession solennelle eut lieu le 15 août 1885, « *la contemplation dans la solitude d'une cellule* » paraissant enfin offerte à cet homme qui l'avait si longtemps désirée. Pourtant il faut croire que Léon ne pouvait rien contre le destin que Dieu lui réservait car, à peine s'était-il retiré du monde, que le monde lui revenait par le biais de la fonction de procureur qu'il occupa douze années durant ; il fut ensuite coadjuteur, plusieurs années, assumant sa fonction avec ardeur malgré son âge. Il était parfois si fatigué que le réveil au milieu de la nuit, pour aller chanter l'office à l'église, était bien difficile. C'est alors que l'ingéniosité du bricoleur vint à son secours sous la forme d'une mécanique qui, au moment opportun, laissait tomber une lourde masse sur des plaques de tôles : un réveille-matin aux sonorités plutôt agressives ! Génial bricoleur, comme le confirme encore cet acte notarié de 1895, par lequel Léon Guérin mandate une personne pour vendre un fonds de commerce de cloches, exploité à Lyon, ainsi que deux brevets d'invention de quinze ans chacun, l'un pour « *perfectionnement aux sonneries électriques pour signaux* », l'autre pour « *perfectionnement aux distributions de courant dans les horloges électriques* ».

Léon sentit tout de suite que la loi du 1er juillet, sur la séparation des Eglises et de l'Etat, allait bouleverser la vie de l'ordre des Chartreux, même si Jules Ferry avait assuré à Dom Léon, lors d'une visite au monastère : « *Vous autres Chartreux ne craignez rien !* » L'expulsion eut pourtant bien lieu en 1903 mais Léon n'était plus au monastère : il était parti à l'étranger afin d'organiser l'accueil des religieux. Lors de cet exil, il alla de Tarragone en Espagne à Farnetta en Toscane, en passant par Cervara au bord du golfe de Rapallo, puis en Suisse. Cette errance imposée le conduisit, en 1910, à la Valsainte où il assuma encore, quatre années durant, la charge de coadjuteur avant que, le monde

Le révérend père Dom Michel à Monte Oliveto, près de Pignerol. (Cliché Michel)

La Chartreuse de Farnetta et son cloître.

le laissant enfin en paix, il puisse vivre les quatre dernières années de sa vie dans cette contemplation à laquelle il aspirait tant.

En juin 1928, alors qu'il était en adoration devant le Saint Sacrement, Dom Léon tomba dans l'église du monastère. La paix de Dieu s'ouvrait enfin à lui… Il avait 91 ans.

Sous le cloître de la Chartreuse de Farnetta.

Arrière-grand-père et Chartreux !

Né en 1905, soit deux ans après l'expulsion des pères chartreux, Henri Félix-Faure peut se targuer d'être le descendant direct de l'un des religieux qui vécurent l'exil, Dom Antoine Félix-Faure.

Né sous le règne de Louis XVIII, en 1822, mort en 1914, peu après la déclaration de la première guerre mondiale, ce dernier, ancien auditeur au conseil d'Etat, connut un parcours peu banal puisque père de famille il devint Chartreux après le décès de son épouse, Henriette Bernard, qui n'était autre que la tante de Rosine Bernard qui devint la grande actrice dramatique Sarah Bernhardt. C'est d'ailleurs le futur Dom Antoine qui fit comprendre à la jeune Rosine, jeune fille au tempérament passionné, que la vocation religieuse qu'elle croyait sienne n'était pas faite pour elle.

Dom Antoine sortant de la Grande-Chartreuse.
(Collection Henri Félix-Faure)

Dom Antoine et son neveu à Pignerole. (Collection Henri Félix-Faure)

Le parcours de Dom Antoine est tellement unique dans l'histoire de la Chartreuse, que Jacques, un autre de ses arrière-petits-fils, rédigea en 1984 un petit opuscule dont Henri s'est servi pour nous conter l'histoire de cet aïeul qui se retrouva lui aussi chassé du monastère.

En 1878, Joseph-Antoine Félix-Faure avait eu la douleur de perdre sa fille Henriette, épouse du baron Cerise (inspecteur général des Finances) et mère de quatre enfants. Une décennie plus tard, en 1889, une nouvelle épreuve bouleversa le parcours de sa vie : le décès de son épouse. Ne voulant se résoudre à avoir désormais « *la tristesse pour compagne et la solitude à Saint-Ismier* », dans son château acquis en 1779 par Etienne, son grand-père, il mit ses affaires en ordre et, l'été venu, partit à pied, chaussé de gros souliers cloutés, son sac sur le dos et son bâton d'alpiniste à la main, vers le nouveau lieu de résidence qu'il s'était choisi : le monastère de la Grande-Chartreuse.

Arrivé au col des Ayes, il étreignit les deux amis qui avaient tenu à l'accompagner et poursuivit seul la route jusqu'au couvent où, cinq années durant, il s'imposa le plus grand silence, même par rapport à sa famille. Dom Antoine devait, bien des années plus tard, rédiger un petit opuscule sur le cheminement et la vie de tout homme qui choisit un jour de devenir Chartreux, jusqu'à ce moment si important des vœux où la communauté vote, à l'aide de haricots blancs ou noirs déposés dans une urne, l'admission ou non du candidat. Le Chartreux se retrouve alors assujetti à jamais à l'ordre. Joseph-Antoine Félix-Faure fut admis dans l'ordre en 1895, monseigneur Fava, l'évêque de Grenoble, l'ordonnant prêtre le 8 juin de la même année, en même temps que l'abbé Calès, célèbre peintre dauphinois. En 1895 toujours, il partagea ses biens entre Henri-

« L'auto volant ». (Collection Henri Félix-Faure)

Félix, dit « Félix III », son fils, conservateur des estampes et gravures à la direction des Beaux-Arts de Paris, et les enfants de sa fille décédée. Le fils de Dom Antoine, qui avait épousé une descendante de la célèbre lignée de peintres Van Loo, fut aussi l'inventeur de « l'auto volant », sans nul doute « l'ancêtre » de nos modernes hélicoptères. Son premier prototype, conçu en 1901, comportait six hélices et fonctionnait avec un pédalier de vélo ! Le second, mis au point en 1904, ne comportait plus que deux hélices et fonctionnait avec un moteur électrique. Lors des essais, le 20 février 1904, à Paris, l'engin réussit à élever suffisamment haut ses quatre-vingts kilos pour qu'on considère l'expérience comme réussie, même si ce balbutiement d'hélicoptère s'écrasa quelques instants plus tard dans la Seine !

Le reste de la vie de Dom Antoine aurait pu s'écouler paisiblement mais, avec la tourmente anticléricale qui entraîna l'ordre des Chartreux jusqu'à l'expulsion en 1903, la quiétude espérée fut bien compromise. « *Nous sommes toujours dans l'incertitude de notre sort* » écrivit Dom Antoine à sa famille en avril 1902, un an avant que n'arrive vraiment l'expulsion. « *J'ai, dans ma cellule, comme tous mes confrères, des caisses toutes prêtes pour l'emballage des livres et des effets d'habillement. En deux heures nous pouvons être partis et en chemin de fer.* » Le 1er mars 1903, alors âgé de 81 ans, Dom Antoine écrit à l'un de ses petits-fils : « *Maintenant si je dois partir, je compte sur ton courage pour supporter ce chagrin qui, je le sais, sera vif chez toi. Offre-le en ton nom et au mien. Ma santé est excellente et peut bien supporter les inconvénients physiques d'un déplacement. J'aurais très bien pu être envoyé, comme tant d'autres, dans une Chartreuse éloignée, en Angleterre, en Espagne. Je n'irais probablement pas si loin (...) Je ne veux pas que tu viennes ici, si par hasard tu étais informé de mon départ. J'ai besoin de toutes mes forces : un dernier adieu m'abattrait trop. Tu pourras peut-être, quelque jour, venir me voir. Sinon, rendez-vous au Ciel ! Je t'y précéderai, j'espère, dans un espace de temps relativement court...* »

Le 4 avril 1903, nouvelle lettre : « *Je suis sur le départ. Le moment déchirant approche. Je voudrais qu'il soit passé, comme un condamné à mort finit par souhaiter l'échafaud, pour que ce soit fini. Je vous embrasse tendrement. Je vous emporte bien profondément scellés dans mon cœur. Que le Bon Dieu vous rende en grâce tout ce que vous m'avez donné de bonheur !* »

Le 7 avril 1903, Dom Antoine quitta la Grande-Chartreuse pour Monte Oliveto, à Pignerol, en Italie, près de Turin, où il arriva le soir même. Dans l'ouvrage *Derniers jours passés à la Grande-Chartreuse* on peut lire, à la date du jeudi 9 avril : « *Peu à peu, sans bruit, les cellules se vident. Mardi, nos deux vénérables octogénaires, Dom Didier et Dom Antoine, ont pris à leur tour le chemin de l'exil.* »

Dès son arrivée en Italie, Dom Antoine écrivit aux siens : « *Les dernières journées ont été très pénibles à la Grande-Chartreuse. Les livres et les instruments de travail étaient partis. Oisiveté absolue du prisonnier cellulaire. De plus, la Maison était transformée en un champ de foire, la population venant acheter notre immense matériel. Ici, dans cet ancien collège de jésuites, une villa italienne avec tout son luxe de peintures des plafonds et des murs et son faux goût, on ne marche que sur du marbre et des mosaïques. Rien de moins chartreux ! Mais, en compensation, nous étalons notre pauvreté à l'aise. Dans ma chambre, une couchette et une chaise d'appoint, point de table pour écrire... La maison, sise sur un mamelon, a une vue superbe : au nord les interminables plaines du Piémont avec leurs rizières, contraste brusque avec les âpres rochers que nous quittons. Au midi, à une dizaine de lieues, une belle ligne des Alpes couverte de neige et dominée par le mont Viso, qui conduit à Briançon et à Grenoble !* »

Dom Antoine est de nouveau mentionné dans l'ouvrage ci-dessus cité : « *Selon l'usage pratiqué pour nos jours de Chapitre, nous étions au réfectoire le 20 août dernier, fête de saint Bernard, Dom Antoine qui, malgré ses 82 ans, s'acquitte toujours comme un jeune novice de toutes les charges conventuelles occupait la place du lecteur. De sa bonne voix sympathique il nous rythmait en latin le Résidu de l'Homélie de la fête...* »

A partir d'août 1904, c'est à la Chartreuse de Farnetta, en Toscane, que se poursuivit l'exil de Dom Antoine qui s'éteignit le 21 avril 1914, à l'âge de 92 ans. Ce n'était certes pas la mort qu'avait souhaitée Dom Antoine, lui qui, en janvier 1897, avait écrit à l'un de ses cousins : « *Si tu voyais comme on meurt bien en Chartreuse ! Avec quel calme, quelle sérénité ! Quand le moment approche, toute la communauté vient embrasser le père ou le frère qui s'en va, se recommande à ses prières au Ciel et lui dit un fraternel et dernier adieu. Cela se passe simplement, cordialement et avec un profond sentiment religieux...* »

Henri Félix-Faure, inventeur de l'auto volant. (Collection Henri Félix-Faure)

IMPRESSIONS DE VISITEURS

Dans son édition du 1er février 1908, *la République de l'Isère*, sous le titre « Le pillage de la Grande-Chartreuse », publie un article, signé Georges Maze-Sencier (journaliste chargé de la rubrique sociale à *l'Action Libérale de Paris*).

« Les premières neiges tombées commencent à ensevelir les montagnes : aux approches du couvent, le suaire se fait plus épais et plus lourd et voilà que, dans son cadre impressionnant de solitude, apparaît la ligne imposante des constructions qui composaient le monastère de la Grande-Chartreuse, la maison-mère des Chartreux, où saint Bruno vint lui-même jeter les bases de son ordre. Les iconoclastes qui brisent tout se sont donnés libre carrière, et quelle impression de tristesse, de douleur et de dévastation laisse au passant la visite de cette demeure célèbre dans l'univers entier, demeure de prière, de recueillement et de travail, où l'or amassé par l'ingéniosité des moines se répandait dans tout le pays, en un flot de bienfaisances aussi magnifiques que discrètes souvent ! » On retrouve là le lyrisme littéraire, utilisé par nombre de ceux qui mirent leur plume au service des Chartreux... Mais cet article permet de percevoir ce sentiment, quasi général en Chartreuse, de violation d'un site interdit.

« Aujourd'hui, tout a été vendu, déménagé, emporté, pillé, liquidé ; rien ne reste plus que les murs nus et sévères, entre lesquels flotte encore le souvenir de toutes les supplications passées. Les curiosités, autrefois, s'arrêtaient devant la vie même des moines dont on respectait le recueillement volontaire. Aujourd'hui, on entre partout, on foule tout, on viole tout. Les salles du chapitre, les réfectoires, les appartements privés du prieur, on visite tout de l'immense couvent : le secret presque inviolé jusqu'alors de cette sainte demeure est livré à toutes les curiosités, à toutes les malveillances, à tous les scepticismes des publics de hasard qui viennent ici.

Le monastère sous la neige. (Cliché de la Grande-Chartreuse)

L'homme qui accompagne, au cours de cette visite, a appris sur les êtres, les choses et les lieux, une froide et pompeuse leçon : il la récite au passant comme le gardien d'un musée égyptien raconte le passé des pyramides ou des temples d'Apis. L'impression ressentie au cours de cette visite évoque le souvenir des catacombes ; ces cloîtres immenses, bordés des cellules monacales, évoquent à la pensée ces étroits couloirs souterrains où, dans la pouzzolane, étaient les tombes des martyrs et des chrétiens. Dans ce cadre immense de solitude et de neige, dans ce décor de forêts et de montagnes, la vision de tout cet abandon, de tout ce pillage, de tout cet isolement est douloureuse, mais l'empreinte est là, elle demeure, elle ne s'effacera pas ! L'homme d'Etat, assez oublieux de ses aspirations propres, assez oublieux de son intelligence et du respect qu'il devait à sa propre pensée, Waldeck-Rousseau, en inventant ces formules indignes, "les moines d'affaires, les moines commerçants", en jetant avec ces mots dangereux tout un parti affamé à la curée du bien d'autrui et au pillage, en jetant sur toutes les terres d'exil ces moines et ces religieuses, recula lui-même ses théories, au moment de sa mort, épouvanté des conséquences de son acte et de sa parole. Mais son parti ne l'écoutait plus, cherchant toujours à briser les croix devant lesquelles il se heurtait, ces croix devant lesquelles la masse profonde s'incline avec respect, se découvre et s'agenouille. Cette masse qui sait que l'idée ne s'efface jamais : on ne l'expulse et on ne la détruit jamais, elle demeure, elle renaît de ses cendres sous lesquelles on a voulu l'étouffer... »

Une impression qu'on retrouve presque à l'identique des années plus tard dans l'ouvrage *La Grande-Chartreuse dix ans après l'expulsion*. Il s'agit d'une enquête de Léon Poncet, alors directeur de *la République de l'Isère* et à l'origine de la campagne pour le classement de la Grande-Chartreuse comme Monument historique. « *La Grande-Chartreuse, abandonnée, livrée sans défense aux injures du temps et aux déprédations des vandales, tombe en ruine. Encore quelques hivers et, de ce joyau du Dauphiné, il ne restera qu'un amas de décombres. Il faut empêcher à tout prix que s'achève cette œuvre de destruction*

On ne se lasse pas de découvrir le vaste monastère.

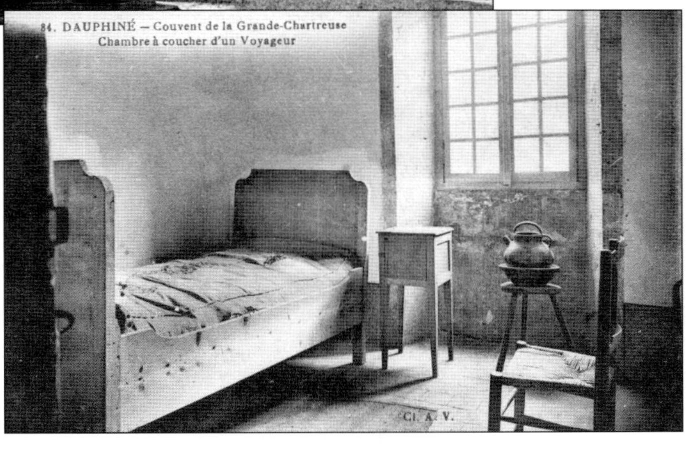

— Et depuis que nos intelligents radicaux ont mis les moines dehors, qui donc entretient le monastère?
— Vous le voyez, Monsieur, c'est les « radicorbeaux ».... Contre eux la chasse devrait être ouverte!

qui serait une honte pour le Dauphiné (...) La vaste cour est envahie par les herbes folles et sauvages, les longs couloirs sont délabrés, les toits craquent l'hiver sous le manteau de neige, de larges gouttières laissent perler l'eau de pluie, créatrice de moisissures ; les portes et fenêtres mordues l'hiver par la bise ne ferment plus. Depuis neuf ans c'est l'abandon, aucune réparation urgente n'est faite. Un ou deux ans de plus et il en sera fini de ces grandes bâtisses. » Pour mieux étayer ces propos, le livre présente un dessin satirique resté célèbre.

Henry Bordeaux, futur membre de l'Académie française, mit lui aussi sa plume au service de la cause des Chartreux en 1912, dans le journal *Echo de Paris* : « *La Grande-Chartreuse est menacée, elle tombe en ruines ! Je n'y étais point entré depuis dix années. Je visitais le monastère tout palpitant de la profanation, qu'on avait converti sans loi en musée. Moyennant quelque cinquante centimes, on pénétrait à l'intérieur. Un régisseur faisait le boniment (...) comparant le long cloître mi-gothique, mi-roman, à ces cafés dont un jeu de glaces prolonge la perspective (...) L'automne dans le massif de la Chartreuse est un prodige. Mais la Grande-Chartreuse devient alors plus douloureuse, plus émouvante, fermée, vide, ses cloches ne sonnent plus mais ses pierres crient. Mille ans de méditation et de mépris du monde sont demeurés incrustés dans ces murs. Il semble qu'on l'entend gémir ou condamner.* »

Evoquant alors la transformation du monastère en « table d'hôtes », l'auteur reprend les propos d'André Hallays, député socialiste de l'Hérault, qui, après être venu visiter le monastère, s'était insurgé de ce « *crime contre la nation* », le journal *la République de l'Isère* se faisant l'écho de sa protestation : « *Le couvent a été aménagé tant bien que mal : un jardin, peigné et ratissé, occupe la première cour. On a mis des cloisons, abattu des murs, transformé des chapelles en billards, salles de jeux, salons ou chambres à coucher. Aux murs on est étonné de voir peinturlurés des ornements Louis XV ou bien les reproductions des derniers dessins d'Albert Guillaume. La grande chapelle, qui a gardé son odeur d'encens, sert de débarras. On y remise pêle-mêle des lits, des bancs, des matelas, des chaises, jusque sur les stalles... Il me semble que le spectacle de ce Saint-Bruno Palace est encore plus révoltant que celui de la Grande-Chartreuse dévastée et ruinée.* »

La vaste salle du Chapitre sera bien vite dépouillée des tableaux des généraux de l'ordre ornant le plafond et du fauteuil où siégeait le père général, sous la statue de saint Bruno.

Même son de cloche dans ce compte rendu d'une visite effectuée le 2 juin 1926 par Emile Baumann et relatée dans un ouvrage intitulé *Comment vivent les Chartreux* : « *Sous le porche, à l'entrée, des vendeuses de cartes postales ; le troupeau des touristes parqué là, pour la visite, jusqu'à ce que le gardien ait conduit une autre fournée ; la pluie se ruant par les carreaux brisés des fenêtres ; une odeur de moisi, une sensation de nécropole, le long des cloîtres mornes comme des prisons sans fin ; dans l'église les stalles poudreuses et ternies, l'autel nu, les cloches mortes ; un gardien fringant qui débitait sa leçon, comme s'il eût parlé d'un ordre depuis longtemps défunt.* »

« *Une cellule de Chartreux sans Chartreux n'est plus qu'une maisonnette de garde-barrière, à trois chambres, quelconque, où il n'y a rien, une ruine qui s'effrite dans une mort lente, avec des gouttières, des planchers pourrissants, un jardinet plein de ronces, enclos de toits dont la pente bloque désespérément l'horizon.* » (Bien que mitoyennes les cellules des Chartreux sont dotées de toits dont la pente a été calculée de telle sorte qu'aucun vis-à-vis ne soit possible.)

Quant à la bibliothèque, ses rayonnages sont entièrement vidés.

« Seul à la Grande-Chartreuse, le cimetière atteste une présence : dans l'herbe, d'un côté, les croix de pierre, rongées de mousse ; de l'autre, les croix de bois, noires et penchantes, anonymes. Les morts sont restés chez eux ; ils gardent la maison, dans l'attente du jour de justice ou du retour des vivants. »

Deux cellules du bas du cloître.

Durant l'absence des Chartreux, le cimetière du monastère subit lui aussi l'assaut des visiteurs. Des visiteurs parfois venus effectuer des réparations sur les bâtiments livrés un peu à l'abandon. Ce fut le cas de Joseph, menuisier-charpentier laurentinois, intervenant pour le compte de l'entreprise Santi. Il foula le sol de ce cimetière où les croix de pierre de la Grande-Chartreuse, qui sont celles des généraux de l'ordre, sont les seules à porter l'inscription d'un nom, toutes les autres, c'est-à-dire celles de l'ensemble des autres moines, étant en bois et anonymes.

Point de cercueil pour les Chartreux : lorsqu'on les porte en terre c'est au sens le plus dépouillé du terme. Posé sur une planche, le corps du défunt est revêtu de son habit, dont les pans sont cloués, et le capuchon, ramené sur la tête, cousu, conformément aux rites cartusiens et à ce manuscrit du XIIe siècle, rappelant que les Chartreux *« bornent leurs prétentions, pour le temps qu'ils respirent, aux quatre murs d'une cellule et à quelques pieds de terre ensuite »*...

Joseph, le menuisier-charpentier, près des croix des généraux de l'ordre.

Les croix de bois du cimetière des Chartreux.

Même après l'expulsion des moines la Grande-Chartreuse garda son attrait pour servir de support aux messages en tout genre partant à travers la France et même au-delà.

Paul, l'industriel ami des Chartreux

Parler des Chartreux sans évoquer le nom de « Paturle », symbole d'une longue aventure industrielle et familiale, est impossible tant ce patronyme est indissociable de l'histoire du massif et de celle des Chartreux ! Une histoire commune qui eut pour décor l'usine de Fourvoirie.

Fourvoirie, lieu froid et austère, dont pourtant Jules Taulier, auteur d'un célèbre album du Dauphiné, écrivait en 1835 : « *Ce n'est pas encore le désert et déjà l'âme ressent une secrète impression qui la dispose au recueillement.* » Il en fallait de l'imagination pour trouver tant de poésie à ce lieu, à l'entrée du Désert de Chartreuse, où le temps fut rythmé tant d'années durant, au cours des siècles, par le bruit des forges dont les roues étaient actionnées par les eaux du Guiers, amenées là par deux conduites de bois. Autrefois il y avait là une « porte », nom donné à cette petite bâtisse surmontée d'un minuscule réduit pour le couchage du gardien, permettant d'accéder à cette zone de silence et de recueillement qu'était le domaine des Chartreux. Mais tout cela avait disparu depuis bien longtemps, lors des travaux de réalisation de la route montant à Saint-Pierre-de-Chartreuse.

Fourvoirie fut le principal site d'une métallurgie cartusienne dont on peut situer l'origine au XIIe siècle. Ici fonctionnaient un haut fourneau et des martinets, ces imposants marteaux à bascule qui, entraînés par une roue à cames, battaient le métal pour en extraire les impuretés. Inventeurs d'un nouveau procédé de fonte du fer et de l'acier, les Chartreux étaient devenus, pendant la seconde moitié du XVIIe siècle, sans doute les premiers métallurgistes du royaume. Avec la Révolution, l'usine de Fourvoirie devint bien national, passant entre de nombreuses mains, avant d'être rendue aux Chartreux

Les usines de Fourvoirie (d'après l'ouvrage de Champin paru en 1838).

en novembre 1886. Ces derniers continuèrent à développer l'activité limerie que la Compagnie des forges et aciéries de Saint-Etienne avait installée en ces lieux, la fabrication de marteaux, burins, tenailles, faux et divers autres outils, entre autres de menuisiers ou bien encore « d'aciers destinés à faire les faux », ayant cessé depuis déjà de nombreuses années. Jadis, les Chartreux fabriquaient là de la « clincaillerie », c'est-à-dire des objets à base de métal, tels ces « serrures à vertevelles », s'ouvrant grâce à un étonnant et ingénieux passe-partout, des verrous ou bien encore des loqueteaux dont la plaque d'armature s'ornait, en son sommet, du globe et de la croix cartusienne.

En 1888, les Chartreux ne pouvant, ou ne désirant, plus exploiter eux-mêmes la manufacture de limes de Fourvoirie, firent appel à un des leurs amis : Paul Paturle-Nicolet. Fils aîné d'Adolphe et de Joséphine d'Aigueperse, Antoine-Marie-Paul Paturle naquit à Lyon le 12 novembre 1847. Il était le descendant d'une lointaine lignée d'orfèvres, dont Simon (1567-1620), « député des orfèvres de Lyon », ou, cinq générations plus tard, Pierre (1736-1817) ; ce dernier, arrière-grand-père de Paul Paturle, étant le dernier orfèvre de la lignée et le premier industriel de la famille. Après des études chez les pères jésuites à Villefranche-sur-Saône et l'obtention de sa licence de droit à la faculté de Grenoble, Paul Paturle fonda, à Pierre-Bénite en 1870, une fabrique de produits chimiques. En 1877, il épousa Joséphine Nicolet, sixième des quinze enfants d'un avocat, fabricant de ciment. Après son mariage, Paul Paturle s'installa à Grenoble, succédant en 1878 à son beau-père à la tête de la Maison de fers Pont Ollion-Nicolet. Il revendit l'année suivante son affaire de Pierre-Bénite.

L'année 1888 marqua pour Paul Paturle le début d'une étape qui allait modifier totalement l'orientation de sa vie et de celle de plusieurs générations de ses descendants, ainsi que l'histoire économique de la Chartreuse, avec l'offre faite par les Chartreux. Conscient des difficultés, Paul Paturle la refusa d'abord ; puis, cédant aux pressants

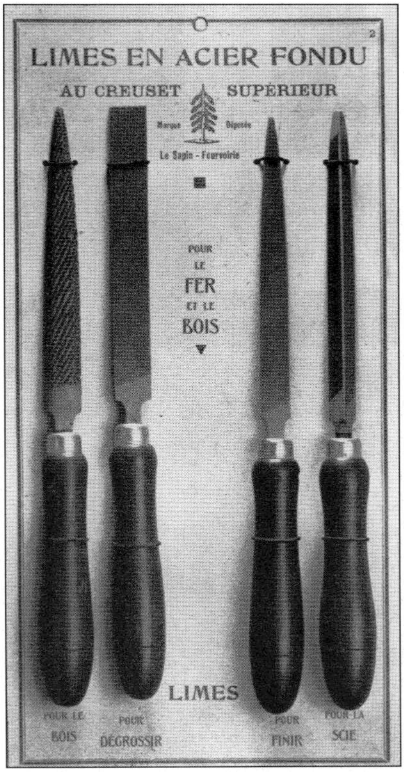

encouragements du père procureur, son ami, il signa le 17 juillet 1888, devant maître Sourd, dans la salle d'Italie à la Grande-Chartreuse, un traité par lequel il reprenait à son compte l'exploitation de Fourvoirie.

Les premières années se révélèrent difficiles tant au niveau pratique que financier : continuant à gérer son entreprise grenobloise, c'est en voiture à cheval que Paul Paturle, partant très tôt le matin, devait se rendre régulièrement à Fourvoirie. Quelques années plus tard il allait être efficacement secondé par deux de ses fils, Camille (né en 1879) et Louis (né en 1880), qui s'installèrent à Saint-Laurent-du-Pont. Au niveau financier le rendement de Fourvoirie n'était pas celui espéré, les pertes se révélant assez importantes au départ. Sans doute Paul Paturle dut-il équilibrer les comptes de la limerie avec les recettes de son activité de marchand de fer, ce qu'il ne pouvait laisser perdurer, s'obligeant à réfléchir aux différents créneaux qui pourraient servir de base au démarrage d'une nouvelle activité, plus lucrative. *« Il faut augmenter notablement notre chiffre. C'est une question de vie ou de mort »*, écrivit-il, à de multiples reprises, en 1894, à Claude Fourbon, son représentant parisien. Un collaborateur dévoué à qui Paul Paturle écrivait la même année : *« Le Père Léon me demande pour la Grande-Chartreuse une machine à peler les pommes de terre pour remplacer la leur qui consiste, d'après ce qu'on m'a dit, en un cylindre en forme de râpe, mû par une manivelle et un engrenage. Je lui avais proposé le modèle de J. Cady et Cie, boulevard Ménilmontant. Il me répond que le modèle de huit litres est trop petit et celui de trente litres trop grand (...). Voyez donc si vous n'en trouviez pas d'autres. »*

Les usines de Fourvoirie vers 1900.

Articles pour bicyclettes, clous pour chevaux… sont au nombre des diverses idées qui émergent, avant que Paul Paturle n'envisage l'acier laminé à froid pour les baleines de corsets avant de se lancer, comme il l'écrivit en juillet 1895 à Fourbon, dans la fabrication elle-même de ces baleines, ou buscs, que la mode vestimentaire de la fin du XIXe siècle avait mises au goût du jour ! Dans la région, deux maisons se partageaient cette fabrication à Lyon, dont une venait tout juste de fermer : Paul Paturle, en fin stratège, sut saisir l'opportunité et, en 1895, démarra l'activité busc, à Fourvoirie, bien vite transférée « au Petit Plan ou mas de la Carteronne », au centre de Saint-Laurent-du-Pont, face à l'église construite en 1866 par les pères chartreux. C'est d'ailleurs sur les conseils de ces derniers, *« afin d'éviter les dangers moraux de la mixité »*, que le transfert s'opéra.

Contrairement à ce que rapporte encore la légende locale, ce n'est donc pas à la demande des Chartreux, pour occuper les femmes et les filles du personnel de service, mais bien pour des impératifs financiers et la survie de Fourvoirie, que Paul Paturle créa l'usine du Busc, la seule « demande » des Chartreux concernant ce transfert ! Le nouvel atelier fut béni le 11 mars 1897, par le père procureur et l'une des religieuses de l'ordre

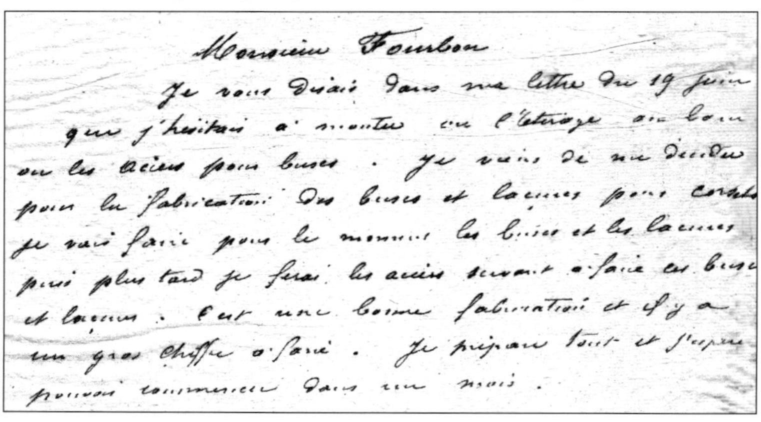

Monsieur Fourbon
Je vous disais dans ma lettre du 19 juin
que j'hésitais à monter ou l'étirage ou bien
ou les aciers pour buscs. Je viens de me décider
pour la fabrication des buscs et lames pour corsets
je vais faire pour le moment les buscs et les lames
puis plus tard je ferai les aciers servant à faire ces buscs
et lames. C'est une bonne fabrication et il y a
un gros chiffre à faire. Je prépare tout et j'espère
pouvoir commencer dans un mois.

Extrait de la lettre écrite en juillet 1895 par Paul Paturle à Claude Fourbon.

de la Providence, attachée au commandement dans l'atelier. Quelques années plus tard, pour ne plus être dépendant des producteurs d'acier, suédois ou français (dont Peugeot), nécessaire à la fabrication de ces baleines de corsets, Paul Paturle démarra, sans doute en 1904, à Fourvoirie, l'autre nouvelle activité : le laminage à froid. Le laminage allait devenir l'activité principale de l'entreprise, générant enfin d'intéressants bénéfices, avec le développement des aciers trempés pour ressorts et lames de scies.

Mais, avec l'expulsion des Chartreux en 1903, Paul Paturle eut à affronter une « étape » encore difficile : les bâtiments de Fourvoirie étant, selon le liquidateur des biens de la congrégation, la propriété des Chartreux, et Paul Paturle « une personne interposée », et donc considéré comme un prête-nom, ces biens furent finalement mis en adjudication le 6 février 1905. La spoliation des biens des Chartreux, au moment de la Révolution, fit que, lors de la seconde expulsion des religieux en 1903, aucune personne, qui plus est amie des moines, n'aurait osé faire une surenchère sans avoir, auparavant obtenu l'aval de l'Eglise et des Chartreux. Après une rencontre avec monseigneur Henry, à Rome, qui lui accorda l'autorisation ecclésiastique d'acheter des biens de la congrégation, Paul Paturle prit option sur la vente. Le 19 avril 1905, Dom Michel Baglin, général de l'ordre en exil à Farnetta, confirma à l'industriel l'autorisation d'acheter l'usine de Fourvoirie qui devint alors officiellement propriété de la famille Paturle, lors de l'adjudication du 7 avril 1906.

Coincées entre la montagne et le Guiers, la fabrique de limes et l'usine de laminage à froid, qui se développaient parallèlement, se trouvèrent bientôt dans des locaux trop exigus, en raison de leur essor respectif. C'est ainsi qu'en 1920, la fabrication des limes et les bureaux quittèrent Fourvoirie pour s'implanter dans des locaux construits sur un terrain contigu à la fabrique de buscs de corsets. Puis ce fut au tour du laminage d'être trop à l'étroit à Fourvoirie : en 1953 un nouveau laminoir fut installé dans la plaine de Saint-Laurent-du-Pont, au lieu-dit la Seyta. Le site de Fourvoirie devait peu à peu réduire ses activités, les investissements nouveaux se faisant dans la plaine de Saint-Laurent-du-Pont, bientôt plus aucune activité industrielle n'anima ce site historique, à l'entrée du Désert de Chartreuse, le progrès inscrivant, en 1976, sa dernière page à une histoire sidérurgique et métallurgique vieille de sept ou huit siècles, les quatre-vingt-huit dernières années ayant été écrites par plusieurs générations de Paturle.

1° *Usine de Fourvoirie.* — « Cette usine, ayant autrefois appartenu à l'Etat, est aujourd'hui la propriété du procureur Rey qui l'a acquise de M. Mazuel, sous-directeur de l'entrepôt des liqueurs de la Chartreuse à Voiron, suivant acte notarié du 20 septembre 1898. Elle a été louée pour 15 ans à M. Paturle-Nicollet, marchand de fer à Grenoble, moyennant 1.750 francs par an. L'acte notarié est de 1897.

« Les bâtiments et le sol sont portés sur les matrices cadastrales au nom de M. Rey (Célestin-Marius), prêtre de la Grande-Chartreuse. » L'on y fabrique particulièrement des limes et des busc de corsets.

2° *Usine du Cotterg.* — « Il s'agit d'un atelier où les buscs de corsets sont recouverts d'une gaine. Cet atelier est une dépendance de l'usine de Fourvoirie. Il a été loué le 29 décembre 1900, 4.000 francs par an pour 10 ans à M. Paturle-Nicollet par M. Célestin Rey, prêtre et chartreux. Or le terrain sur lequel le bâtiment est construit a été acheté, en 1873, aux héritiers Margot, par M. Aimé Barre, alors sous-diacre à la Grande-Chartreuse, actuellement religieux Chartreux à Valbonne (Gard).

« Les impôts fonciers sont portés sur la matrice cadastrale au nom de ce dernier. En quelle qualité a agi M. Rey qui n'était pas propriétaire?

« L'enregistrement de l'acte n'en fait pas mention.

« Des renseignements qui précèdent, il résulte que ces deux usines ne sont pas des dépendances commerciales du couvent, bien que le procureur soit propriétaire de l'usine de Fourvoierie et semble être une personne interposée pour la location de l'usine du Cotterg.»

Extrait de l'état des biens des Chartreux dressé en 1903.

Quant à Paul Paturle, il devait s'éteindre à Grenoble le 16 juillet 1925 à l'âge de 77 ans. Lors des funérailles de celui qui tenait à reposer à Saint-Laurent-du-Pont, *« au milieu de sa grande famille ouvrière »*, une grande chapelle ardente fut érigée sous le grand hall de l'usine des limes, pour y recevoir le cercueil de Paul Paturle. Paul Belmont, directeur du Crédit lyonnais et ami de l'industriel défunt, devait déclarer, dans son éloge funèbre : *« Au début de sa carrière, en présence du double chemin dont parle le poète, Paul Paturle avait choisi la vertu qui lui parut plus belle. D'autres ont choisi autrement et leur existence est restée stérile. La sienne s'achève devant une œuvre accomplie, laissant une postérité nombreuse. »*

Une « postérité » qui effectivement permit à l'entreprise familiale de connaître nombre d'évolutions et diversifications, importantes, exaltantes souvent, décevantes parfois, avant qu'en 1999 Paturle-Aciers ne soit vendu à l'Allemand Theis et Multibase, branche fondée en 1980, vendue elle en 2002, à l'Américain, leader mondial des silicones, Dow Corning, qui souhaitait se développer dans les élastomères thermoplastiques.

Machines-Outils pour Bois & Métaux
Quincaillerie
Serrurerie pour Bâtiment
Matériel complet pour entrepreneurs
Manufacture de Limes & Aciers de Fourvoirie

Fers, Fontes, Aciers, Métaux
Paturle-Nicolet
Grenoble, le 190

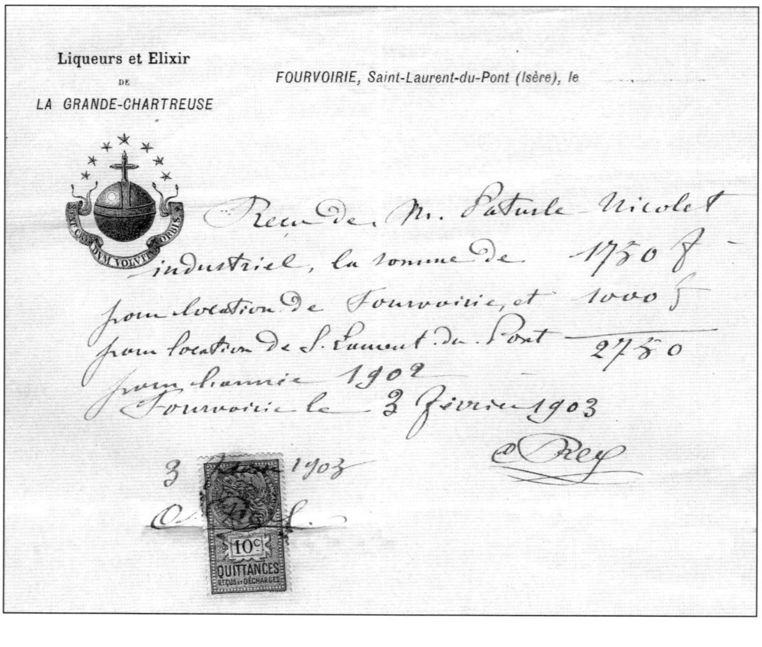
Liqueurs et Elixir de La Grande-Chartreuse

FOURVOIRIE, Saint-Laurent-du-Pont (Isère), le

Reçu de M. Paturle Nicolet industriel, la somme de 1750 f pour location de Fourvoirie, et 1000 f pour location de S. Laurent du Pont 2750 pour l'année 1902
Fourvoirie le 3 février 1903
Rey

3 Fév 1903
10c QUITTANCES REÇUS et DÉCHARGES

Quittance de loyer des Chartreux à Paul Paturle.

LA FAUTE D'ALEXANDRE

L'expulsion des Chartreux eut parfois des conséquences surprenantes, frappant non pas les religieux eux-mêmes mais des particuliers. Ce fut le cas, entre autres, d'Alexandre Terpent-Ordassière, alors même que cet habitant d'un hameau laurentinois n'avait adhéré en rien aux décisions qui avaient chassé les religieux du massif. Quelle était donc la faute d'Alexandre ? Avoir osé faire une surenchère pour acquérir sa maison de Villette, appartenant auparavant aux Chartreux. Les moines avaient désigné des personnes chargées de racheter, au prix le plus intéressant possible, les biens dont ils avaient été spoliés par l'Etat, en vertu de la loi du 1er juillet 1901.

Dix pour cent... telle était la faute d'Alexandre. Dix malheureux « pour cent » de surenchère pour acquérir cette vaste bâtisse où loger aisément la grande famille, le café, la boulangerie et, dans la cour, le jeu de boules... « Bien mal acquis ne profite jamais », Alexandre était assez respectueux de l'ordre établi pour le savoir, mais là il avait acquis le plus légalement du monde... D'ailleurs c'est moins l'acquisition elle-même que le fait d'avoir fait cette surenchère qu'on avait voulu lui faire payer. Après tout, les autres pouvaient aussi surenchérir... Ce fut un véritable statut de proscrit qui fut attribué à Alexandre, promu au grade d'ennemi de la foi simplement pour ne pas s'être plié à l'ordre établi !

Etonnamment, il semblerait qu'Alexandre ait toujours ignoré la sanction dont il fut l'objet. Ou peut-être l'apprit-il mais n'en fit-il part à personne pour ne pas bouleverser les siens... Quoi qu'il en soit, c'est en 1943, à son décès, que sa famille apprit cette

« mesure disciplinaire », lorsque le prêtre lui fit savoir, fort gêné, qu'il ne pourrait procéder à des funérailles religieuses. Pour l'épouse d'Alexandre, la révolte succéda à la stupéfaction : il n'était pas question que son mari effectue son dernier voyage ici-bas sans un office religieux.

L'excommunication est pour l'Eglise catholique une sanction sévère infligée aux hérétiques et aux pécheurs les plus obstinés. Il existait plusieurs degrés d'excommunion, le premier effet étant de séparer l'excommunié du corps de l'Eglise, lui retirant le droit de participer à la communion des fidèles. En des temps bien plus anciens l'excommunié ne pouvait plus désormais recevoir ou administrer les sacrements, ni être élu à aucune dignité ecclésiastique, ni même recevoir après sa mort la sépulture religieuse ; il était de plus interdit aux fidèles de réaliser un acte de commerce avec l'excommunié. Si, malgré tout, un excommunié entrait dans une église l'office cessait aussitôt et, si l'excommunié refusait de sortir, le prêtre abandonnait l'autel.

Il y avait bien longtemps que l'excommunication sous cette forme, pouvoir accordé aux Chartreux par le pape Nicolas II en 1190, n'était plus employée. Il fallut le bouleversement provoqué par l'événement que fut l'expulsion des Chartreux pour que se retrouve appliquée, par ces derniers, une forme allégée de l'ancestrale sanction à ceux qui les *« troublent dans leurs possessions ou causent quelques dommages à leurs propriétés »*. Et, dans le cas d'Alexandre, pour un apparent petit péché. Sans commune mesure, en tout cas, avec celui qui suscita l'une des plus célèbres excommunications : celle de Napoléon par Pie VII, quand l'empereur fit enlever le pape de Rome pour le retenir à Savonne, puis à Fontainebleau.

Alexandre aurait pu recevoir, de son vivant, l'absolution selon les rites pompeux et les cérémonies impressionnantes qui pouvaient dans certains cas accompagner la levée de punition : l'accueil du pénitent, à la porte de l'église, par l'évêque accompagné de douze prêtres en surplis, six à sa droite et six à sa gauche, lui demandant s'il voulait subir la pénitence ordonnée par les Canons, pour les crimes qu'il avait commis, confesser sa faute, implorer pénitence et promettre de ne plus retomber dans le désordre. Alors seulement l'évêque, assis et coiffé de sa mitre, récitait les sept psaumes avec les prêtres, donnant de temps en temps des coups de verge ou de baguette à l'excommunié, avant de prononcer enfin la formule d'absolution.

Alexandre eut pourtant droit à des obsèques dignes de ce nom, le prêtre accordant finalement l'absolution du péché et levant l'excommunication. Peut-être après avoir demandé aux Chartreux de renoncer à « leurs droits » sur les biens acquis par Alexandre... Juste retour des choses pour cet homme qui, plus d'une fois, « dépanna » le curé en lui « prêtant » deux de ses enfants, pour être les enfants de cœur lors d'obsèques dans le village.

Et puis le vieux lustre, tout là-haut, au sommet du chœur, ne portait-il pas l'inscription : *« Don de Victor Terpend-Ordaciere »*, ce dernier n'étant autre que le beau-père d'Alexandre... et son oncle, Alexandre ayant épousé sa cousine Françoise-Adèle. Bien qu'issus de la même branche, au niveau paternel, Alexandre et Françoise-Adèle bénéficiaient de patronymes différents au niveau orthographique, ce qui était assez fréquent à l'époque.

Homme très pieux, Victor, l'oncle-beau-père d'Alexandre, avait promis de faire ce don si aucune personne ne perdait la vie lors de la construction de l'église de Villette, en grande partie financée par les Chartreux peu après 1860, la plupart des constructions

A gauche sur la charrette, Alexandre et Françoise-Adèle son épouse.

Pierre et Henry Barnier (et leur mère), entrepreneurs au service des Chartreux.

de ce type étant en ce temps-là endeuillées par un accident. A Villette, la promesse de Victor fut efficace puisqu'aucun décès ne fut à signaler. Peut-être parce que les constructeurs étaient, depuis des générations, des professionnels du genre, les Barnier, de Saint-Etienne-de-Crossey, les bâtisseurs attitrés des Chartreux pour leurs églises, écoles et routes. En 1864, ils construisirent le pont Saint-Pierre, avec ses quatre arcades et sa courbe suivant la route reliant Saint-Laurent-du-Pont à Saint-Pierre-de-Chartreuse. En 1892, ils construiront l'hôpital après avoir construit l'église de Saint-Laurent-du-Pont et donc celle de Villette, dans le clocher de laquelle se trouve toujours une cloche, elle aussi financée par les Chartreux, portant l'inscription suivante : « *Je m'appelle Marie Bruno. J'ai pour parrain le Très Révérend Père Dom Charles-Marie Saison, général de l'ordre des Chartreux, et le Révérend Père Dom Marie-Vincent Celle, Procureur de la Grande-Chartreuse.* » Sous cette inscription, deux initiales : A. M. Il s'agit en fait des initiales du graveur, Auguste Martin, qui avait obtenu du curé de Villette l'autorisation de les placer là, pensant que tous les fidèles y liraient *Ave Maria* !

Le pont Saint-Pierre sous la neige.

JULES LE PHARMACIEN

Autre victime de l'expulsion des Chartreux, Jules Barnier, pharmacien à l'hôpital de Saint-Laurent-du-Pont après l'avoir été au service des religieux.

Né en 1852 à Saint-Jean-en-Royans, Jules Barnier s'engagea en 1869 dans les zouaves pontificaux, assistant ainsi au siège de Rome par les hommes du général de Charrette. L'année suivante, il passa au service de la France sous les ordres du même général et, à ce titre, participa à la campagne de 1870 dans les rangs des volontaires de l'Ouest.

Pendant vingt ans, Jules fut pharmacien des Chartreux. En 1887, Gabriel-Alfred Grézier, procureur de l'ordre, signa un bail à loyer avec « *Monsieur Jules Barnier, pharmacien demeurant à la Correrie* », où ce dernier exerçait alors son activité. Jules racheta par là même le fonds de commerce de son prédécesseur, un dénommé Jean-Paul Sebelin, et des produits divers dont « *teintures et huiles, alcools de vin de quina, pommades et racines, pastilles de bourgeon de sapin, des fleurs, du sucre, du miel...* ».

La séance du conseil municipal de Saint-Laurent-du-Pont, du 13 novembre 1888, changea la vie du petit pharmacien. En effet, ce jour-là, Jean-François Pichat, qui venait tout juste d'être élu maire, fit l'annonce de la promesse qu'il avait obtenue des Chartreux, de la construction d'un hôpital dans la commune. La construction terminée, en 1892, Jules Barnier devint le pharmacien du nouvel établissement et revendit son fonds de commerce de la Correrie à Antoine Pichon, Frère Alphonse en religion, alors infirmier à la Correrie. Parmi les inventions médicales de Jules Barnier, il convient de citer un vin tonique et reconstituant, « *souverain contre l'anémie* », un rob dépuratif végétal, des pilules purgatives, dépuratives, anti-bilieuses et anti-rhumatismales, ainsi qu'un thé purgatif et anti-glaireux.

L'expulsion des Chartreux et la perte d'une part importante de sa clientèle provoquèrent la faillite de ce pharmacien-chimiste, le préfet de l'Isère ayant dès le 14 avril 1903 adressé un courrier au conseil municipal de Saint-Laurent-du-Pont, l'informant que la commune devait désormais être détachée de l'hôpital laurentinois pour être rattachée *« aux hôpitaux de Voiron, comme petit hôpital, et à ceux de Grenoble, comme grand hôpital »*. Tout caractère administratif lui étant enlevé, l'établissement construit par les Chartreux onze ans auparavant se vit interdire l'accueil de tout malade. Une décision catastrophique pour Jules Barnier !

Membre de la société d'hygiène et de plusieurs sociétés savantes, il eut droit, dans la revue *les Alpes Françaises*, parue peu avant 1903, à un portrait assez pittoresque : *« Toujours alerte et gai, débordant de santé, sec et court, la chevelure débordante et neigeuse, la barbiche en pointe à la Rochefort, la figure mâle et énergique, le verbe haut, remuant, exubérant, claironnant, tel est l'infatigable et sympathique pharmacien de Saint-Laurent-du-Pont. »*

Mais le dynamique et fringant pharmacien dut perdre, peu après la parution de cet article, beaucoup de son enthousiasme puisqu'il perdait aussi le fonds de commerce lui permettant de nourrir sa spectaculaire famille : une tribu de 14 enfants !

Pour l'anecdote on peut encore ajouter que l'hôpital où exerça Jules Barnier, cet important édifice laurentinois qui devint propriété de l'Etat après l'expulsion des Chartreux, se vit des années plus tard dépouillé de toutes les croix surmontant ses fenêtres de toit par un maire aux idées particulièrement anticléricales. Un maire qui, en 1927, fut à l'origine d'une prise de position particulièrement marquée contre le retour des Chartreux, lors de sa délibération du mois de mai : *« Constatant une ampleur inaccoutumée à la campagne traditionnelle faite par la presse cléricale de Grenoble en faveur des Chartreux, (...) considérant qu'en en raison de la diffusion des brochures cartusiennes répandues à grand frais dans la France entière, une équivoque peut se produire de nature à jeter le trouble et l'incertitude dans les esprits (...), pour ces raisons le conseil municipal de Saint-Laurent-du-Pont croit devoir protester hautement contre cette campagne, appuyée du reste de documents souvent inexacts pour ne pas dire mensongers. Déclare d'autre part que le départ des Chartreux a non seulement marqué la fin d'un régime d'oppression morale incompatible avec les temps présents et les goûts d'indépendance des populations dauphinoises. »*

Dans la cour de l'hôpital laurentinois, construit en 1892, avec les petites croix de pierre surmontant les fenêtres de toiture.

Le retour !

« S'il le fallait, nous rentrerions à genoux ! » avait répondu en octobre 1926, de son exil de Farnetta, le révérend père général de l'ordre au président de la LDAC, venu lui poser la question, après que des rumeurs eurent couru, laissant entendre que les Chartreux ne souhaitaient peut-être plus rentrer à la Grande-Chartreuse. Le 21 juin 1940 les Chartreux réintégraient leur monastère. Un retour qui se fit presque discrètement, le massif ayant à repousser l'invasion allemande dans le Dauphiné et la Savoie, du 19 au 25 juin 1940.

Le jour du retour des Chartreux, le général Cartier, qui commandait les soldats français, dut faire face à l'ennemi, positionné sur une ligne passant par Voreppe, le col de la Placette et les Echelles, avec pour objectif de forcer les routes d'accès à Chambéry et Grenoble. Des défenses étaient installées à Saint-Laurent-du-Pont, les maisons et les rues étant désertes car la population s'était réfugiée sur les hauteurs de la ville. Certains allèrent implorer Notre-Dame-du-Château, sur la colline dominant le bourg, avec semble-t-il succès puisque Saint-Laurent-du-Pont fut épargné (tout au moins pour cette fois). Ce ne fut qu'après le cessez-le-feu, le 24 juin 1940, que les habitants du pays commencèrent vraiment à s'intéresser au retour des religieux, après près de quarante années d'exil. Et, dans le pays, on dit longtemps qu'on avait vu, le même jour en Chartreuse, *« le retour des moines en robe blanche et le canon allemand »*. D'autres dirent encore : *« Ils sont partis au son du clairon, ils reviennent au son du canon ! »*

En mai 1940, le révérend père Dom Ferdinand Vidal, général de l'ordre, élu deux ans auparavant, décida de rejoindre la France, jugeant que si son pays *« traverse une période difficile, il convient justement d'y rentrer, afin de participer aux souffrances de tous »*.

Soldats français installant des défenses à Saint-Laurent-du-Pont en juin 1940.

Véritable artisan du retour des Chartreux, le révérend voulait avant tout « *ramener l'ordre des Chartreux à son berceau ancestral* ».

Arrivé à Grenoble le 29 mai 1940, accompagné d'un groupe de pères et de frères, Dom Ferdinand Vidal trouva refuge dans le Voironnais, à Coublevie très exactement, dans un logement mis à sa disposition par la Compagnie française de la Chartreuse et réservé aux frères Chartreux chargés de la fabrication de la liqueur. La préfecture s'opposa avec vigueur à ce que les moines réintègrent leur monastère prétextant que « *les bâtiments ayant été affectés au département, personne ne peut s'y installer sans l'accord du conseil général* ».

Le 20 juin, Dom Vidal décida de quitter Coublevie avec Dom Michel d'Abadie et Dom Bernard de Géry, ses deux procureurs, bien décidés à se rendre au monastère. Louis Chastel de Géry, de son vrai nom, Dom Bernard était mutilé de guerre. Lors de la première guerre mondiale, gravement blessé à la cuisse, le 24 août 1914 à Erberwiller, et donc devenu inapte à servir dans l'infanterie, il demandera alors son affectation dans l'aviation, où il perdit son œil droit le 30 octobre 1915. Ce qui ne l'empêchera nullement de se distinguer à nouveau pendant la bataille de l'Aisne, entre autres le 19 avril 1917, lorsqu'il conduisit sa troupe à l'assaut, malgré de violents tirs de mitrailleuse ! En 1940, après avoir emprunté la route des gorges du Crossey, les religieux furent contraints de rebrousser chemin, la sortie sur Saint-Laurent-du-Pont étant fermée par une barricade fixe que les soldats français, chargés de la défense, venaient tout juste d'installer.

Revenant à Voiron, puis passant par Voreppe, les Chartreux entendaient rejoindre la vallée grenobloise afin d'accéder au massif par l'autre versant de la Chartreuse. Les religieux rencontrèrent, rue de la Poste à Grenoble, au siège du transport de ses cars, Auguste Villard, le maire de Saint-Pierre-de-Chartreuse, conseiller général du canton. Doté d'un tempérament opiniâtre, d'un aplomb légendaire et d'une audace tranquille, ce dernier semblait s'acharner à corriger les abus en tout genre, qui plus est lorsqu'ils étaient commis par des élus ou des personnages importants. Auguste Villard ne comprit jamais l'attitude du gouvernement à l'égard des Chartreux au début du XXe siècle, pas plus qu'il n'admit le bien-fondé de leur expulsion. Ses prises de position étaient très dures à l'égard de ceux qui *« se disant d'esprit démocratique, affichent un totalitarisme intransigeant et dominateur »*.

Terriblement heureux du retour des moines, il décida alors de tout faire pour leur permettre de rentrer « *chez eux* ». Les Chartreux reprirent la route par le Sappey et le col de Porte avant d'arriver à la Diat, au bas de Saint-Pierre-de-Chartreuse. Après une nuit passée à l'hôtel du Grand Som, les trois pères célébrèrent une messe en l'église de Saint-Pierre-de-Chartreuse avant de se rendre au monastère où ils furent accueillis vendredi 21 juin dans la matinée par monsieur Fabreguette, gardien principal du monastère, assisté de son second, monsieur Julien.

Ayant appris le retour des Chartreux, le général Cartier se rendit le soir du 22 juin 1940 au monastère que les moines avaient dû retrouver dévasté et désolé. Arrivé devant la porte, qui en 1903 fut brisée à coups de hache par les forces gouvernementales, le militaire fut introduit dans le monastère aux pièces dépeuplées et glaciales. Les Chartreux, qui disaient n'avoir besoin que de *« prier en paix »*, acceptèrent seulement des couvertures et des brodequins militaires. Ils avaient déjà retrouvé l'austérité conforme aux règles de leur ordre et la simplicité de vie qu'ils avaient choisie en devenant les fils de saint Bruno. Une austérité qu'un écrit anglais, signé Michael Hanbury, relate admirablement, réalisé à partir des quelque mille pages manuscrites laissées par Dom Edmund Gurdon, un Chartreux mort à la Chartreuse de Certosa, le 8 octobre 1940. Il avait vécu dans différentes Chartreuses à travers le monde mais c'est à la Grande-Chartreuse qu'il était entré dans l'ordre, à l'âge de 18 ans. Il était là, en 1885, lorsque la reine Victoria visita le monastère. Evoquant le froid quasi sibérien qui régnait dans le couvent en ce temps-là, le moine explique que quelquefois, en sortant des matines, il ne savait plus s'il avait encore des mains et des pieds. *« Aucun de ce que nous appelions, en langage monastique, les endroits réguliers, n'était jamais chauffé. Il n'y avait aucun moyen de chauffage d'aucune sorte dans l'église, les chapelles, le chapitre, les cloîtres, le réfectoire, ni dans la grande salle du chapitre principal où nous passions notre temps de récréation le dimanche et les jours de fête : nous grelottions partout. Et pourtant personne ne se plaignait du froid, on l'acceptait, tout simplement, comme une chose normale. »*

Le retour des Chartreux

Après un long exil, que l'air du pays est donc doux à la bouche et aux bronches

Dimanche 30 juin 1940 eut lieu à Saint-Laurent-du-Pont une communion solennelle, avec chant du *Te Deum* et sonnerie à toutes volées des cloches, en l'honneur des Chartreux revenus. *« Après un long exil que l'air du pays est donc doux à la bouche et aux bronches »* titrait le journal *le Petit Dauphinois* de ce jour-là, sous la plume de Jean Perquelin.

« Le jet d'eau de la cour d'honneur du monastère murmure sa ritournelle. Il n'y a pas manqué

depuis près d'un demi-siècle. Des hommes, trois ou quatre hommes blancs, vont et viennent, ayant l'air d'entendre quand ce n'est que leur cœur battant et des échos ignorés de nous. Et bien oui ! Ce sont des Chartreux qui, avant de rejoindre la méditation de leurs cellules disjointes, goûtent au miel de l'après-midi (...) Amis à la robe blanche que de difficultés vous avez vaincues pour quitter l'Italie et passer la frontière avec la volonté de ne pas gagner le Dauphiné dans les fourgons de l'ennemi... Priez - c'est un incroyant qui parle- pour que la France, dont vous êtes les plus beaux, les plus nobles fils, retrouve ces vertus qui faisaient l'orgueil et la grandeur de son histoire, brillant comme des étoiles dans le ciel sombre. »

Jean Perquelin faisait sans doute référence aux sept étoiles en arc de cercle dominant la croix et le globe, emblème des Chartreux avec sa célèbre devise « *Stat Crux Dum volvitur Orbis* », c'est-à-dire « la croix demeure stable tandis que le monde tourne ».

Un emblème qui est d'ailleurs bien davantage celui de la Grande-Chartreuse, l'ordre lui-même n'ayant pas à proprement parler d'armoiries, et dont la devise devrait se compléter de cette seconde partie « *Et mundo inconcussa supersto* » : « Et je me tiens inébranlable au-dessus du monde », comme on peut le lire dans un écrit du XVIIe siècle.

LA CHARTEUSE EN CARTES POSTALES

Celle-ci servit, en 1909, à porter de Grenoble à Paris la nouvelle suivante : « Grosse fille arrivée cette nuit. Tout va bien. Lettre suit. A la santé de la petiote. »

Message plus grave pour celle-ci qui, en 1918, porta à Grignan cette nouvelle : « Décès du père de Pauline, mort le 1er février à 2 heures du matin. »

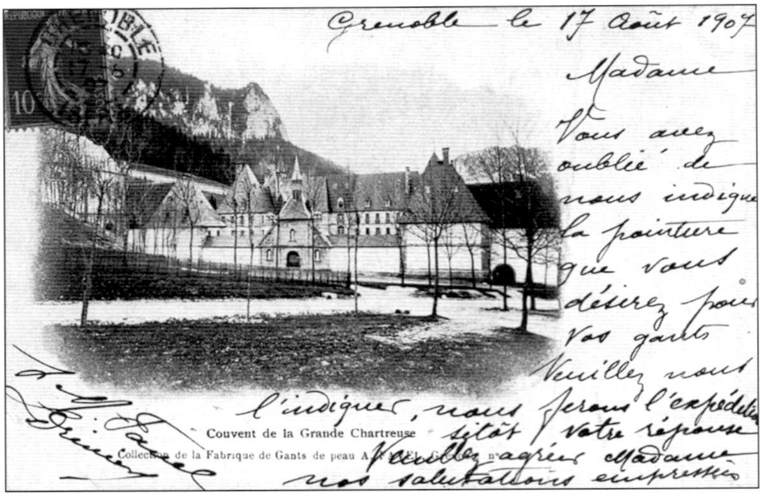

Quant à celle-là, elle servit en 1907 de carte de correspondance à une ganterie grenobloise.

Partie dans le Rhône en 1909 cette carte racontait une visite du palais de Justice de Grenoble « bientôt suivie de celle de la Grande-Chartreuse ».

Celle-ci partit aussi dans le Rhône mais en 1931 pour annoncer : « Demain départ Marseille, Beyrouth. Enfin ! »

Carte adressée à Paris en 1904.

Carte adressée à Saint-Etienne le 30 juin 1903.

Carte adressée à Biarritz le 23 août 1911 : « Je suis allé visiter aujourd'hui la Grande-Chartreuse en autocar. Le voyage est magnifique. Malheureusement un orage avec pluie a empêché, à cause des nuages, de bien voir le monastère. »

17 juillet 1935. « Beaucoup de beauté donnée à tous. Vraiment, ceux qui à travers une si haute pensée aimaient à s'abîmer dans un recueillement salutaire ont su choisir leur nature. »

Le 29 mai 1916 : « Ma bonne Lili, la vie est pour toi comme ce couloir, bien longue et déserte mais j'espère que bientôt tu retrouveras ton cher petit ami qui t'aime. Il faut espérer que bientôt nous serons réunis pour toujours. » *Long de deux cent quinze mètres, le cloître de la Grande-Chartreuse est éclairé de cent-treize fenêtres garnies de vitraux. Plus longue réalisation de ce type, il date de 1145 pour sa partie supérieure, de 1326 pour sa partie médiane, la restauration complète ayant eu lieu après l'incendie de 1676. Construit de manière non plane, il ne permet pas de voir d'une extrémité à l'autre.*

« Je vous mènerai voir la Grande-Chartreuse, si triste maintenant que les moines ont été spoliés et chassés. »

Recto et verso de la carte postale adressée depuis la Chartreuse de Farnetta, par Dom Paulin Ripert, ancien vicaire de la Grande-Chartreuse, au Grand Valentin pour lui présenter ses vœux.

Bibliographie

Derniers jours passés à la Grande-Chartreuse en 1903, Publication des Chartreux.

Les Alpes Pittoresques, 1er mai 1903.

La Congrégation des Chartreux, publication de la Ligue des Droits de l'Homme et du Citoyen, 1903.

La Grande-Chartreuse dix ans après l'expulsion, Enquête de Léon Poncet, Typographie et Lithographie Allier Frères, 1912.

La Chartreuse aux Chartreux, revue de la Ligue dauphinoise d'action catholique, 1926, 1927.

Le drame de la Grande-Chartreuse, 1901-1931, Léon Poncet, publications Lumière, 1931.

A la conquête de la Montagne Sainte, Léon Poncet, Editions Presses Lyonnaises du Sud-Est, 1941.

Dom Antoine Félix-Faure, du conseil d'Etat à la Chartreuse, Jacques Félix-Faure, Imprimerie RV Grenoble, 1984 (document à diffusion familiale).

Origines et descendances de Paul Paturle, Ouvrage familial, imprimerie Dardele, 1988.

Grande-Chartreuse, un rêve merveilleusement inaccessible, Martine Galiano, 1991, Imprimerie Danzi Voiron.

François Boursier, un prêtre de combat, Alain Moreau, Mémoire de maîtrise d'histoire, 1990-1991.

Le Grand Valentin, René Sougey (recueil personnel), 1992.

Saint-Laurent-du-Pont en Chartreuse, Martine Galiano, Collection *Mémoire en Images*, Editions Alan Sutton, 2002.